大葆台西汉墓出土文物研究文集

北京考古遗址博物馆　编

文物出版社

图书在版编目（CIP）数据

大葆台西汉墓出土文物研究文集 / 北京考古遗址博物馆编. -- 北京：文物出版社，2022.10

ISBN 978-7-5010-7786-1

Ⅰ.①大… Ⅱ.①北… Ⅲ.①汉墓－出土文物－丰台区－西汉时代－文集 Ⅳ.①K878.84-53

中国版本图书馆CIP数据核字（2022）第164115号

大葆台西汉墓出土文物研究文集

编　　者：北京考古遗址博物馆

封面设计：王文娴
责任编辑：张晓曦
责任印制：王　芳

出版发行：文物出版社
地　　址：北京市东城区东直门内北小街 2 号楼
邮　　编：100007
网　　址：http://www.wenwu.com
经　　销：新华书店
印　　刷：北京荣宝艺品印刷有限公司
开　　本：787mm×1092mm　1/16
印　　张：10.5
版　　次：2022 年 10 月第 1 版
印　　次：2022 年 10 月第 1 次印刷
书　　号：ISBN 978-7-5010-7786-1
定　　价：90.00 元

编委会

主　编：杨志国

编　委：郭力展　杨世敏　罗永刚　张振松　刘乃涛

　　　　马立伟　匡　缨　陈海霖　徐　超

序

    时间不会倒流，逝去的历史，离当下只会愈来愈远。然而，通过研究者的努力，凭借一些具体的媒介，又可以把一些历史场景，拉近到我们的眼前。这些媒介，就是考古文物的发掘与研究。它提供了大量实物资料，扩充了历史研究的版图，也拓展了人们的历史文化视野，让我们对过去的生活有了更清楚的认识，我们甚至可以看到很多当时人也未必有幸得见的场景：地下世界的实况和千姿百态的陪葬物。1974～1975年发掘的北京市大葆台汉墓，正是为后人了解西汉幽燕地区的历史文化提供了珍贵的契机。该墓葬的发掘与保护对于研究汉代历史文化、北京地方历史具有重要意义。

    从考古学角度来说，北京大葆台汉墓以典型的"黄肠题凑"葬制而闻名海外，作为新中国第一座完整展现"梓宫、便房、黄肠题凑"葬制结构的考古发现，终结了历代有关黄肠题凑具体形制的争论，在中国考古学史上留下了浓墨重彩的一笔。"黄肠题凑"葬制是汉代帝王、后和诸侯贵族使用的一种特殊丧葬制度，是一种身份和权力的象征，它反映了汉代礼仪制度、等级制度以及思想文化等方面的内容。"黄肠题凑"一名，最初见于《汉书·霍光传》。后来注释家对此进行了许多诠释，争论不一，由于缺乏实例验证，长期以来并不清楚其具体的形制布局。直到1974年北京市大葆台汉墓的发掘之后，加上又陆续发现的10余座"黄肠题凑"葬制的墓葬，人们才基本明晰了此种葬制的基本特点。

    从出土文物来说，大葆台汉墓虽在早年遭到盗掘，仍出土千余件文物。这些文物数量虽少，但种类不少（包括铜器、铁器、玉漆器、玛瑙器、金箔、陶器及丝织品等），包含的历史信息十分丰富，是研究西汉中晚期的政治、经济和物质文化发展的珍贵资料。比如墓道中出土的3辆木质单辕车作为我国目前所见最早的西汉车轮实物，是研究古代车马制度、汉代车马葬制不可或缺的内容。再比如能反映汉代手工业发展水平的鎏金嵌玉铜龙头、透雕螭虎玉佩、玉舞人等，折射盐铁官营制度的"渔"字铁斧。

    从墓葬选址和区域环境来说，大葆台汉墓的选址能够反映出诸多人文地理信息，可以借此深入了解西汉诸侯王在墓葬选址时所考虑的诸多影响因素（王国统治区域、与都城蓟的距离），探讨西汉时期的礼制、墓主刘建的生平、蓟城西部的社会经济发展状况以及墓葬风俗。此外，更为重要的是，已经明确的墓葬位置是当时自然环境的生动反映。比如通过墓葬所采用的大量柏木这一事实，不难推测出西汉时期北京地区具备丰富的森林资源以及柏树的生长情况。还有墓葬出土的不少动物骨骼也能够为研究当时该区域的生态自然环境提供重要参考。总之，墓葬所在地（西山山前平原、永定河下游）及其区域环境从一定程度上反映出千年以来的山川变迁、地理环境，这点对于我们今天讨论西山永定河文化带的相关问题不容忽视。

　　从区域文化来说，大葆台汉墓是西汉燕地历史文化的典型性遗址，有助于我们对于西汉区域文化乃至社会历史的全面认识。北京地区在汉之前属于"燕文化"的中心地区，先秦的燕国国都就在广义的北京地区。秦灭六国，一统天下，而后废分封、立郡县，国祚未久就二世而亡。代秦而兴的汉朝，随后将大一统制度彻底落实，建立了辉煌灿烂的汉文化。而"燕文化"则以北京地区为中心，在西汉完成了向汉文化的转型。且相对先秦时代的"燕文化"，西汉时代的汉文化具有更为重要的历史地位。广阳王陵即是这种区域文化转变历史时期的重要遗存。对于王陵本身以及背后诸侯国的研究能够反映出西汉郡国并行制、中央与地方的关系以及中央对于燕地的经营等历史问题。同时，从更广义的角度，广阳王陵作为北京地区汉代考古最不可忽视的考古资料，能够证实出北京地区是当时汉王朝东北部规模最大的政治中心、文化中心、经济中心，也是该地区的交通中心、军事中心。

　　从北京地方史角度来说，大葆台汉墓所代表的汉代历史文化是北京地方史当中不应忽视却又容易被忽视的阶段。相对于千年建都史的辉煌尤其是后来元明清帝都的灿烂，唐宋以前的北京地方史则显得暗淡得多。尤其是文献史料稀缺的汉代北京更是容易被人忽略。可是，从整个历史发展过程来看，汉代北京在整个北京地方史当中恰恰承担着承上启下这一举足轻重的地位。它沟通了先秦时代的燕文化，是大一统的汉文化发展、成熟阶段。正是在两汉时期形成的帝国东北部区域中心，才为后来北京城的发展奠定了坚实的基础。西汉广阳王陵遗址代表着汉代中央王朝对于当时北京地区管辖的国家意志，它所反映的汉代历史是北京地方史上不可或缺的一环。北京之所以能在后来元明清时期成为国家的统治中心，是经历了一个漫长的从地区中心到国家中心的演变过程。西汉广阳王陵遗址所代表的燕蓟地区的汉代历史文化是中国第一个大一统时期——秦汉时代——国家（郡国）统治的首个阶段，而后才有了唐代幽州、辽金燕京、元明清帝都的演变发展。由古及今，北京要建设成文化中心，必须要重视汉代历史文化在北京城市史中的重要地位，可以深挖这段历史所隐藏的从分裂走向统一这样一个历史内涵。此外，需要指出的是，从文化地位来说，大葆台汉墓遗址比通州汉代路县故城遗址更具有代表性。路县故城只是汉代燕蓟地区众多县级城市中的一个。路县之外，还有军都城、蓟城、阴乡等汉代城市遗址。路县故城遗址能够反映的只是一汉代县域之文化，无法代表当时的北京地区，但西汉广阳王陵遗址既可以联系到刘建治下的广阳国也能上溯到其父燕国时期，文化辐射面却要广泛得多，更加值得深挖。

北京大葆台汉墓正是由于上述重要意义，2021年被评为中国近代考古学百年百大考古发现。对于当下来说，北京大葆台汉墓遗址所蕴含的汉文化内涵能够为我们坚定文化自信提供源源不断的精神力量。这部文集就是对这种汉文化内涵某一方面的理解与阐释。文集所辑录的文章都是我馆一线业务研究人员在长期与文物打交道的过程中所思所感，是结合历史文献及出土的环境与情况，把出土文物作为文化史的具体新材料，展示出汉代人日常生活的图像。相信《大葆台西汉墓出土文物研究文集》的编辑出版，不仅可以让社会上关心汉代历史文化的人们更多地了解大葆台汉墓，并且促进新的工作取得收获，同时也可以成为北京考古遗址博物馆学术进步的一个新的起点。

杨志国　徐　超
2022年6月

目　录

第三章　博戏田猎

第四章　出行威仪

第一章　钟鸣鼎食

北京大葆台汉墓出土柿蒂纹鎏金铜饰片新探

马立伟

柿蒂纹是在我国古代的陶器、青铜器、玉器、漆器、瓦当、铜镜、汉画像砖和汉画像石等器物上经常使用的一种纹饰，也称方华纹、方花纹或芳花纹，日本学者大多称其为"四叶纹"。在许多墓葬中都出土有柿蒂形纹的文物。北京大葆台汉墓也出土了一件柿蒂纹饰鎏金铜饰片，这类纹饰在汉代墓葬里经常用到，因此，深入挖掘和研究其源流和嬗变，将有利于我们进一步了解其历史文化内涵。

一　柿蒂释义

（一）"柿"字释义

"柿"字在古代写作"枾"。早在《诗经·尔雅·释木》中就有相关记载："遵，羊枣。"何氏焯曰："羊枣非枣也，乃枾（同"柿"）之小者，初生色黄，熟则黑，似羊矢，其树再接即成枾矣。"清代段玉裁的《说文解字注》曰："枾，（拔）擢也。从手。友声。蒲八切。十五部。"西汉礼学家戴圣所编《礼记·内则》中将其作为国君燕食所用的美味果品。北魏农学家贾思勰在《齐民要术》中记载"柿，有小者，栽之；无者，取枝于㮕枣根上插之。"意思是说，如果能找到柿子小苗就直接栽，找不到就把柿子枝条嫁接到㮕枣根上。宋欧阳修的《归田录》卷二中有："今唐邓间多大柿，其初生涩，坚实如石。凡百十柿以一榠樝置其中，则红熟烂如泥而可食。土人谓之烘柿者，非用火，乃用此尔。"宋蔡襄《荔枝谱》："朱柿色如枾，红而扁大，亦云朴枾，出福州。"明代李时珍在《本草纲目》中也有专门记载柿子的章节，即《本草纲目·果二·枾》。据李时珍记载："柿乃脾、肺、血分之果也。其味甘而气平，性涩而能收，故有健脾涩肠，治嗽止血之功。"

（二）"柿蒂"释义

从柿蒂的形态特征来讲，柿蒂为柿树科植物柿的干燥宿萼。其形状呈扁圆形，直径1.5~2.5厘米。中央较厚，微微隆起，有果实脱落后的圆形疤痕，边缘较薄，四裂，裂片多反卷。基部有果梗或圆孔状的果梗痕。外表面黄褐色或红棕色，内表面黄棕色，密被细绒毛。质硬而脆。气微，味涩。冬季果实成熟时采摘①。

从柿蒂的功能来讲，它有药用功能，可以入药，治疗肠胃病、心血管病和干眼病，还有止血润便、降压和解酒等作用，还能降逆止呃、百日咳及夜尿症。据《本草纲目》中记载："古方单用柿蒂煮汁饮之，取其苦温能降逆气也。《济生》柿蒂散加以丁香、生姜之辛热，以开痰散郁，盖从治之法，而昔人常用之收效矣。"《本草求真》中也记载："柿蒂味苦性平，虽与丁香同为止呃之味，然一辛热一苦平，合用兼得寒热兼济之妙。"②

从柿蒂的文化内涵来讲，柿蒂也称柿盘或枊蒂，这一词汇最早出现于中唐时期。中唐浪漫主义诗人白居易在《白孔六帖》卷八中说："竹根、枊蒂、马眼、蛇皮，已上四种，今时绫名。"并在《杭州春望》中有"红袖织绫夸柿蒂，青旗沽酒趁梨花"的诗句。可见"枊蒂"在唐代也指绫锦。后晚唐段成式在《酉阳杂俎续集·支植上》中云："木中根固，柿为最。俗谓之柿盘。"后世历代也都有提及柿蒂的记载，如唐刘恂在《岭表录异》卷中："倒捻子……有子如软柿头，上有四叶如柿蒂，食者必捻其蒂。"宋吴自牧《梦梁录》中也提到"绫柿蒂"，元代陆友的《墨史》卷下提到日本有墨"如柿蒂形"，宋洪皓《松漠纪闻》提到蜜糕"形或方或圆，或为柿蒂花"，明朱国祯《涌幢小品》卷三二引童谣"茶结子，好种柿。柿蒂乌，摘个大姑，摘个小姑"，明郎瑛《七修类稿》有诗"多君肯念还京客，为织春袍柿蒂绫"③。明代李时珍也在《本草纲目·果二·柿》中记载："枊高树大叶，圆而光泽……其根甚固，谓之枊盘。"

（三）柿树释义

柿树是深根性树种，又是阳性树种，喜温暖气候，充足阳光和深厚、肥沃、湿润、排水良好的土壤，适生于中性土壤，较能耐寒、耐瘠薄，抗旱性强④。宋代罗愿作训诂书《尔雅翼》中说："柿有七绝，一寿，二多阴，三无鸟巢，四无虫蠹，五霜叶可戏，六佳实可啖，七落叶肥大可以临书。"这里所言柿树共有七德：一、长寿，二、树荫多，三、无鸟巢，四、无虫蚀，五、红叶可供玩赏，六、果实味美，七、落叶肥大可以临书。其中长寿指其因适应性及抗病性均强，故结果年限在100年以上，甚至可达300年以上；对柿叶的赏析指其经霜即红而引来文人墨客的赞许。如唐白居易《寄内》诗："桑条初绿即为别，柿叶半红犹未归"，宋苏轼的《睡起》诗："柿叶满庭红颗秋，薰炉沉水度春篝"等；而其七所言"落叶肥大可以临书"则涉及我国成

---

① 参见百度百科资料。
② 参见百度百科资料。
③ 李零：《方华蔓长，名此曰昌——为柿蒂纹正名》，《中国国家博物馆馆刊》2012年第7期。
④ 参见百度百科资料。

语中的"柿叶临书"一词，其出处是说唐代李绰在《尚书故实》中记载："郑广文学书，而病无纸，知慈恩寺有柿叶数间屋，遂借僧房居止。日取红叶学书，岁久殆遍。后自写所制诗尾，并画同为一卷，封进玄宗，御笔书其尾曰：'郑虔三绝。'"这是说唐玄宗时的国子监广文馆博士郑虔，由于没有纸练字，就借住长安慈恩寺，用寺中的柿叶临摹书法，作品谨献给玄宗后，得到皇帝朱批御笔的赞誉。由此可见，柿树具有非常深刻的历史渊源。

二 柿蒂纹文物概述

柿蒂纹的出现在我国起源较早，肇始于春秋战国时期，流行于汉代的装饰纹样[①]，并一直沿用至清代。当然，其间在称谓上有不同的说法，如唐代把丝织品上的四瓣柿蒂花称作"四出花"[②]，有时也以五瓣花、八瓣花的形式出现，日本学者林巳奈夫先生认为，四叶纹即后来佛教莲花纹的原型，是象征天界和天帝[③]。但无论如何变化，主题图案都是围绕着柿蒂纹进行设计和创作的。柿蒂纹的应用比较广泛，大多见于出土墓葬的墓室天井上、墓门上的装饰图案，还有玉卮、玉杯、玉炉、漆奁、铜镜、伞盖等有盖子的器物盖部的顶端和许多青铜器上。目前，考古发掘出土的柿蒂纹文物几乎历代都有，如湖南长沙南门外白沙2号战国楚墓出土的谷纹柿蒂纹玻璃剑首、陕西西安未央区出土的八瓣花纹秦瓦当、江西南昌西汉海昏侯墓出土的柿蒂纹凹涡纹白玉剑首、广西合浦县北插江盐堆1号墓出土的西汉柿蒂纹三足铜盘、宁夏固原北原东汉墓出土的鎏金四叶蒂形铜饰、安徽双墩汉墓内棺盖板柿蒂形纹饰、重庆市巫山旧县城出土的东汉柿蒂形四灵鎏金铜饰牌、江苏南京仙鹤门外仙鹤山6号墓出土的东晋柿蒂纹玉柄饰、甘肃敦煌墓出土的唐代柿蒂纹砖、明代吴径墓出土的柿蒂纹提梁壶等。这一纹饰到明清时期，甚至时至今日仍然广泛使用，这主要与谐音文化有关，即"柿"与"事"谐音，而与"如意"组合，便寓意"事事如意"。如明朝锦衣卫的飞鱼服、蟒服、斗牛服等服饰上皆使用柿蒂纹作为装饰刺绣。明清帝后的宝座和龙床上常常会将柿子和如意等吉祥纹饰组合，代表"事事如意"的含义。民间也会有这样的图案，如清乾隆年间的粉彩婴戏瓷瓶，原为佛教用具，是讲经时的手执之物。瓷器上绘有两只柿子和如意，称"事事如意"，绘松柏、柿子、灵芝，表示"百事如意""万事如意""吉祥如意""和合如意"。

① 张明川：《宇宙图式中的天穹之花——柿蒂纹辨》，《装饰》2002年第12期。
② 见氏著：《"红红绿绿苑中花"——评〈敦煌丝绸艺术全集·法藏卷〉》，《文汇读书周报》2010年11月19日。
③ 蔡凤书、林巳奈夫：《中国古代莲花的象征（一）》，《文物季刊》1999年第3期。

三　墓葬出土柿蒂纹文物的研究现状

迄今为止，不少学者就墓葬出土文物上的柿蒂纹进行了深入研究，如刘道广在《所谓"柿蒂纹"应为"侯纹"论辨》一文中，依据柿蒂纹与侯纹的形态特征，认为柿蒂纹是战国时期天子射侯制度的体现[①]；刘淼在《汉画像柿蒂纹审美文化阐释》[②]一文中，从文学和美学角度指出其与"荒寒"、时空秩序和天人合一等密切相关；张明川的《宇宙图式中的天穹之花——柿蒂纹辨》[③]一文，则阐释了柿蒂纹为莲花及其变体的天穹之花；相军的硕士论文《京冀地区两汉诸侯王墓研究》中，阎书广、张晓瑜的《汉代铜镜柿蒂纹图像探析》[④]一文，解析了柿蒂纹中"天地相同"和神仙思想的内涵；许卫红的《论汉葬具上的四叶蒂形金属装饰》[⑤]一文，详细分析了柿蒂纹在葬制上的使用源头、使用背景和寓意；李宁的硕士论文《金与不朽——两汉以前中国的鎏金铜器与长生不死观念》[⑥]探讨了两汉及其以前鎏金铜器中"金"的使用功能及其地位和内涵；程露的《安徽博物院藏战国铜镜》一文，论述了战国四叶纹铜镜的特点；李臣的《汉画像上的方花纹图像研究》中，诠释了柿蒂纹在汉代所代表的生死观问题；李零在《方华蔓长，名此曰昌——为柿蒂纹正名》[⑦]中，以两件纹饰主题为大四瓣花的铜镜为线索，提出从战国到汉代各类器物（铜器、漆器、画像石、瓦当）上的类似纹饰，应叫作"方花纹"，而通常所谓"柿蒂纹"只是"方花纹"的一种。

因此，就目前的研究成果来看，学界主要是从出土柿蒂纹的墓葬、文物、器形、纹饰、图像、文化内涵和使用功能等方面进行研究。

四　北京大葆台汉墓出土四叶柿蒂纹形鎏金铜饰片文物新探

（一）文物基本情况

北京大葆台汉墓的墓主人是西汉广阳倾王刘建（公元前73年～前45年），一、二号墓及金代遗址出土的文物约千件。根据《北京大葆台西汉墓发掘报告》可知，一号墓出土了8件四叶柿蒂纹形铜饰片（图一），出土位置分别在墓室前室和西、北面内回廊，部分残碎，采用鎏金工艺，为漆盒和漆奁盖子上的饰件。有的四叶蒂形铜饰片的

① 刘道广：《所谓"柿蒂纹"应为"侯纹"论辨》，《考古与文物》2011年第3期。
② 刘淼：《汉画像柿蒂纹审美文化阐释》，《牡丹江教育学院学报》2015年第11期。
③ 张明川：《宇宙图式中的天穹之花——柿蒂纹辨》，《装饰》2002年第12期。
④ 阎书广、张晓瑜：《汉代铜镜柿蒂纹图像探析》，《文化学刊》2017年第5期。
⑤ 许卫红：《论汉葬具上的四叶蒂形金属装饰》，《文博》2003年第2期。
⑥ 李宁：《金与不朽——两汉以前中国的鎏金铜器与长生不死观念》，山东大学硕士学位论文，2007年。
⑦ 李零：《方华蔓长，名此曰昌——为柿蒂纹正名》，《中国国家博物馆馆刊》2012年第7期。

图一　北京大葆台汉墓一号墓出土四叶柿蒂纹形铜饰片

方孔上，还留有一个铜环，标本宽3.1厘米，厚仅0.01厘米。

（二）北京大葆台汉墓出土四叶柿蒂纹形鎏金铜饰片文物新探

北京大葆台汉墓一号墓出土的这几件四叶柿蒂纹形鎏金铜饰片线条清晰、做工精美、美观大方、艺术性强，其中蕴含着汉代的丧葬思想与文化观念，主要包括升仙思想、长生观念、方位观念、家族观念、财富观念、数字文化等。

1. 升仙思想

董仲舒在《春秋繁露》中言："古之造文者，三画而连其中谓之王。三画者，天地与人也。而连其中者，通其道也。取天地与人之中以为贯而参通之，非王者孰能当是。"[1] 作为偏安一隅的诸侯王之墓，刘建墓自然会体现"天人合一"、灵魂升仙的思想。早在春秋时期，古人就创造了以西王母为代表的神仙世界，后又配以东王公形象为西王母之夫。在这个世界里，柿蒂纹是其中的一个标志性的元素，这不仅在许多出土的汉代规矩纹镜中出现[2]，也在汉画像石上出现过，如陕西榆林古城滩出土的汉画像石上的画面立柱上，就有柿蒂纹与西王母和东王公同处仙道空间[3]。另外，湖南长沙马王堆1号墓出土的T形帛画中的柿蒂纹正处于女墓主人辛追夫人升仙的入口处[4]也可以佐证这一

① （汉）董仲舒：《春秋繁露》，上海古籍出版社，1989年，第67页。
② 张宏林：《汉代镜铭纹饰与文献记载中的仙道人物（下）》，《收藏家》2014年第1期。
③ 刘淼：《汉画像柿蒂纹空间性研究》，《鸡西大学学报》2015年第6期。
④ 刘淼：《汉画像柿蒂纹空间性研究》，《鸡西大学学报》2015年第6期。

点。由于汉代人对于神仙世界的向往，刘建墓柿蒂纹的运用表现了墓主人的升仙思想。

2. 长生观念

早在先秦时，人们就对长生十分向往。如《左传·昭公二十年》中就记载了齐侯与晏子在探讨了长生不死的话题，在《战国策》中也有炼丹方士向荆王献不死之药、燕昭王醉心于方术等的记载。《山海经》里也提及昆仑山上的不死之树和不死之神西王母。至秦始皇时期，秦皇帝派人寻求长生不死之药，汉武帝时期，武帝也痴迷于得道成仙的仙药，林林总总。这说明从秦汉时期统治阶级和王侯贵族对于长生不老一直是十分渴望与追求，而且也波及民间。通过上述有关柿树的介绍可知，柿树具有少则上百，多则数百年的存活期，因此又被视为长寿树。刘建墓中使用这一纹饰显然是符合当时社会思想的潮流趋势与丧葬观念的，希望自己长生不死。

此外，北京大葆台汉墓一号墓出土的柿蒂纹文物还采用鎏金技术，鎏金在汉代称为"黄金涂"或"金黄涂"，《汉书·外戚传·孝成赵皇后》中记载："皇后既立，后宠少衰，而弟绝幸，为昭仪。居昭阳舍，其中庭彤朱，而殿上髤漆，切皆铜沓（冒）黄金涂，白玉阶，壁带往往为黄金釭，函蓝田璧，明珠，翠羽饰之，自后宫未尝有焉。"鎏金是一种金属加工工艺，也称"涂金""镀金""度金""流金"，是把金和水银合成的金汞剂，涂在铜器表层，加热使水银蒸发，使金牢固地附在铜器表面不脱落的技术。汉代在墓葬中使用鎏金明器是非常普遍的，这一方面反映了汉代工匠卓越的智慧和技艺以及当时北京地区地方诸侯王的富庶与地区经济的繁荣，另一方面也因金子代表不朽，而寄托了墓主人永生万代的长生愿望。

3. 方位观念

经许多学者考证，四叶柿蒂纹从形状上看代表了中央与四方的空间布局观念，即东南西北中。正如曾主持秦安大地湾遗址发掘的张朋川先生认为的那样：四叶柿蒂纹代表了古人的宇宙模型。再如湖北十堰市博物馆藏的东汉变体四叶纹镜，镜纽上有类似太极符的符号。而太极就是天道的相关词。

北京大葆台汉墓一号墓出土的柿蒂纹文物的中央是方形的，四瓣花叶的尖角伸向四方，并坠以圆环，这应该既代表古人"天圆地方"的方位观念，也代表寰宇四方的概念。

4. 家族观念

从柿子的自然属性看，柿蒂是从柿花开落后，在果实的生长过程中，柿蒂始终护佑着果实，直到果实的成熟都难分离。这在自然界是很少有的现象，可以说柿蒂是与果实相伴相生的，而古人则将这种相生相伴的植物拟人化了，使用柿蒂纹饰来寓意着国家和家族的牢不可破、人丁兴旺。北京大葆台汉墓的墓主人刘建在位29年，虽然其父燕刺王刘旦是谋逆而死，但他在墓葬中使用柿蒂纹饰应该是西周以来的宗法制、家族制的反映，依然希望他的家族能够子孙兴旺。

5.财富观念

从柿树的栽培来看，柿树在栽植5～6年后开始结果，10年后进入盛果期，直到树龄约300年时还能结果，深受人们的喜爱，因此在民间被称为旱涝保收的"摇钱树"①。汉代的马蹄金也因其形状如干柿子而被称为"柿子金"。刘建是西汉中晚期的燕蓟地区的诸侯王，可谓锦衣玉食、财力丰厚，这从他的墓葬规模和出土文物的规格看，使用柿蒂纹似也寓意着他希望能够永远拥有财富的观念。

6.数字文化

北京大葆台汉墓一号墓出土的柿蒂纹文物也同样体现了数字文化，即两仪、四象、四方、四时、五行、八卦等数字文化。《易经》曰："太极生两仪，两仪生四象"。这是古代的数字文化，代表了宇宙空间的格局；四时指四季，以柿蒂纹四叶花瓣为代表；五行出自《易·系辞》的"河出图，洛出书，圣人则之。"主要阐述"金木水火土"相生相克的阴阳五行说；八卦是中国古代人民的基本哲学概念，是古代的阴阳学说。所谓八卦就是八个卦相，而八卦作为最早的文字和文字符号，又是中国数字文化中与阴阳、五行推演时空和事物关联性的工具。

五　结语

自古以来，柿蒂纹因其深厚的文化底蕴和吉祥的寓意而在宫廷和民间的礼器、墓葬和明器等许多地方被普遍使用，可谓源远流长，雅俗共赏。上至王公贵族，下至黎民白姓，都非常喜爱这一纹饰。大葆台汉墓中的柿蒂纹使用是汉代墓葬中经常采用的丧葬文化元素，不仅反映了汉代社会的生死观念和丧葬思想文化，也体现了汉代的审美意趣和工匠的聪明智慧。

参考文献

[1]（汉）董仲舒：《春秋繁露》，上海古籍出版社，1989年。

[2] 李零：《方华蔓长，名此曰昌——为柿蒂纹正名》，《中国国家博物馆馆刊》2012年第7期。

[3] 张宏林：《汉代镜铭纹饰与文献记载中的仙道人物（下）》，《收藏家》2014年第1期。

[4] 刘淼：《汉画像柿蒂纹空间性研究》，《鸡西大学学报》2015年第6期。

---

① 《苗营古柿树可结三种果》，《周口日报》2013年6月19日。

"俑"放光芒
——北京大葆台汉墓出土陶俑析论

马立伟

在北京大葆台汉墓一号墓外回廊和题凑门的西侧，出土了240个泥质灰陶人俑，形象生动，古拙逼真。那么这些陶俑在我国古代历史上是什么时候出现的？它们的出现有哪些历史原因和典故？它们体现了古人的哪些智慧？又代表了古人怎样的精神世界呢？

一　陶俑出现的历史背景

早在原始社会的新石器时代，我们的先民在长期的生产劳动中就发明了陶器，这主要是由于先民们掌握了"人工取火"的技术，并发现了火与土的关系，即用焙烧过的土或黏土不仅会变得坚硬，而且还会定型，这促使原始先民有意识地用泥土制作他们定居生活所需要的饮食器皿和生活用具，这是人类社会文明进步的重要标志。而先民们将泥制作成人体、动物等与陶器一起烧制，应视为陶俑的萌芽。从原始社会末期，经夏商到春秋时期，出于原始宗教和祖先崇拜等原因，出现了人殉和人牲这类以真人殉葬的习俗，特别是殷商时期，人殉之风盛行，在已经挖掘的商代贵族墓中都有人殉。到了战国时期，中国社会正处于从奴隶制转向封建制的时期，由于周代宗法制度和儒家思想对丧葬制度的影响，这一习俗逐渐衰落。秦献公在位之初（公元前384年），则明令"禁止用活人殉葬"，这就使得殉人制度最终淡出历史舞台。西汉初期，统治阶级崇尚"黄老"与节俭，皇族贵胄多用陶俑陪葬。汉武帝时期，经济增长，实行厚葬制度，据《盐铁论·散不足》记载："今生不能致其爱敬，死以奢侈相高，虽无哀戚之心，而厚葬重币者，则称以为孝，显名立于世，光荣著于俗。"到了东汉晚期葬俑达到极盛时期。如东汉王充在《论衡·薄葬篇》中言："圣贤之业，皆以薄葬省用为务，然而世尚厚葬……故作偶人以侍尸柩，多藏食物以歆精魂。积浸流至，或破家尽业，以充死棺。"王符也在《潜夫论·浮侈篇》中提到"今京师贵戚，郡县豪家，生不极养，死乃崇丧……多埋珍宝偶人车马。"其后直至宋代，陶俑便替代了人殉陪葬并形成制度。

目前，我国最早的考古发掘的陶俑是出土于山东临淄郎家庄1号春秋战国墓、山西长治分水岭战国墓、河南辉县琉璃阁140号战国晚期墓葬等。这些陶俑的制作工艺比较粗糙，只有大概的轮廓，缺乏细部的刻画，但它们都是中国早期陶俑的珍贵实物，对于雕塑史的研究也具有重要价值。而1974年7月在陕西临潼县骊山出土的秦始皇陵兵马俑则成为我国第一批入选世界文化遗产的文物，这一阵容强大、举世震惊的"地下军团"的面世，堪称世界九大奇迹之一，向世人充分展示了中华民族的聪明智慧，是我们中华民族的骄傲！

二　西汉陶俑的造型特点及其文化内涵

（一）造型特点

汉承秦制，汉代最早的陶俑出现于文景时期（公元前179～前114年）[1]。与秦代兵马俑相比，西汉陶俑的特点是简约大方、端庄素雅，塑造的大多是社会各阶层的人物，大多面部表情平和，五官轮廓一笔带过地示意了一下，身躯较为细长，身体前后扁平，不突出人体肌肉的张力。北京大葆台汉墓一号墓出土的陶俑就具有这样的特点。这些陶俑高30～40厘米，模手合制，部分残缺，均为立俑，为了模仿真人，有的陶俑脸上还涂有白粉，但因年久，大多已经剥落，墨绘眉、耳、口、鼻和胡须，上身扁平，下身椭圆，分实心与空心两种。陶俑的衣纹饰刻划简练，造型简单古朴，背部阴刻简练的衣纹和腰带，从类型上看，应为男性和女性侍俑，女性侍俑用曲线弧形表现腰肢，在脑后部鼓起的部分应为发髻（图一）。

图一　北京大葆台汉墓出土陶俑

（二）文化内涵

在先秦时期的《山海经》和《楚辞》里，就有女娲用黄土仿

---

① 高峰：《浅析汉代陶俑的造型特点及影响》，《陶瓷研究》2004年第1期。

照自己造成了人，创造了人类社会的传说。如《楚辞·天问》中就有"女娲有体，孰能匠之"的记载。这大概是陶俑产生的"文化基因"。有学者用"承秦制、揉周礼、融楚俗"来说明汉文化的内涵，这一点在西汉陶俑身上即有所体现。大致可以分为思想、丧葬、服饰、艺术等文化内涵。

1.思想文化与丧葬文化内涵

我们现在依然常用的一个成语与陶俑相关："始作俑者"，出自《孟子·梁惠王上》："仲尼曰：'始作俑者，其无后乎！'"这句话的意思是指第一个用俑封杀活人的人，后泛指恶劣风气的创始者。孔子在这里指出"俑太像人了"。宋代理学宗师朱熹在《孟子集注》里说："古之葬者，束草为人以为从卫，谓之刍灵，略似人形而已。中古易之以俑，则有面目机发，而大似人矣。故孔子恶其不仁，而言其必无后也。"这里的"刍灵"就是用茅草扎成的人马，为古人送葬之物。这说明，儒家思想中所推崇的"仁"学，坚决反对用真人殉葬的"人殉"，赞成用陶俑和木俑等偶人替代真人殉葬，因此在汉武帝采纳了董仲舒的"罢黜百家、独尊儒术"的建议之后，儒家思想已经被统治阶级确立为主导思想，因此，以陶俑随葬合乎儒家思想的礼数。

根据北京大葆台汉墓的发掘报告显示，陶俑出土的位置在一号墓外回廊和题凑门的西侧，关于下葬时陶俑摆放位置的问题是值得深入研究的。

西汉初年，汉高祖刘邦在经过楚汉战争与项羽纷争取胜，并最终建立大汉王朝，而西汉王朝也因此而颇受楚文化的影响，基本崇尚楚国人老子的"黄老哲学"和道家思想，采取休养生息、"无为而治"的政策恢复国力，使西汉的社会经济逐渐恢复，国力也越发强盛，因而厚葬之风盛行。北京大葆台汉墓的墓主人是汉武帝刘彻之孙——广阳顷王刘建及其王后墓，享受"黄肠题凑"墓的葬制，所以无论是从等级上还是社会文化上，随葬陶俑的出现一方面体现了其诸侯王的地位，另一方面也反映了西汉晚期社会"事死如事生"的葬俗文化内涵。此外，陶俑的整体造型风格也符合道家"道法自然""中气为和"的思想，整体情状自然平和、"形神兼备"。

从陶俑的摆放位置看，陶俑摆放在墓门的位置，这应该与古人镇墓的观念有关。这种摆放方式也对后世产生了深远的影响。如2003年西安市文物保护考古所在陕西省西安市未央区井上村东发掘了一座北周粟特人史君石椁墓，随葬出土了胡人灯俑，这些灯俑都是成对地出现在墓门的位置，说明胡人灯俑的使用功能也是用来镇墓的。另外，陶俑位于西侧的方向似乎与升仙思想相关，如江苏徐州狮子山楚王墓出土的4000多兵马俑也是位于墓室西侧，山西太原晋源区开化墓群北齐赵信夫妇墓葬内的陶俑也是放置于棺椁的西侧。

2.服饰文化内涵

从北京大葆台汉墓出土的陶俑看，当时汉代的服饰为上襦下裳的汉服形制，这种形制的上襦比较短，且只到腰间，而裙子则相对很长，甚至下垂至地面，将长裙围绕在上襦外围，以丝绸腰带束腰，这样就呈现出一种上窄下宽的视觉效果，正如汉乐府诗《羽林郎》里所描写的那样："长裙连理带，广袖合欢襦。"陶俑衣服的纹饰也非常流畅，栩栩如生，这也从侧面说明了当时广阳国作为西汉时期北京地区的一方诸侯国所拥有的社会地位与豪华生活。

3.艺术文化内涵

在雕塑艺术方面，汉代陶俑也同样彰显出浪漫写实的风格。北京大葆台汉墓出土的陶俑就是通过衣纹富有韵味的线条，大胆勾勒和夸张表现出雍容华美、沉稳简素的服饰特征，也蕴含了楚文化的元素。与现藏于上海博物馆的西汉侍女陶俑有异曲同工之妙。由于汉高祖刘邦在建立汉朝之后，将前朝的贵族家眷赏赐给功臣作为加封的一种手段，因此汉代的许多侍女陶俑杂糅了尊贵的身世与卑微的社会地位的风格，从艺术审美的角度讲可谓别具风韵。

三 汉代陶俑的制作技术

汉代陶俑的材质和工艺制作也是颇具特色。在色调上基本上以红色和灰色为主，这与陶土的成分以及烧成气氛有关。因陶土中含有铁的化合物，它起着助熔的作用，能降低陶器的烧成温度，在不同的烧成气氛中，能使陶器呈现各种色泽。北京大葆台汉墓出土的陶俑为灰陶，是在弱还原气氛中烧成的。它的烧制原理是：坯体入窑以后，用还原焰焙烧，陶胎的铁氧化物还原为二价铁，使陶胎现出灰色。烧成温度一般在840～900摄氏度左右。最高可达1100摄氏度。

陶俑的制作工艺分为捏制和模制两种工艺类型。所谓捏制就是工匠用土坯和陶泥手捏制出陶俑的形象；模制陶俑的制作工艺则是用模具翻制陶俑，即先塑造俑的泥胎造型，再翻制成模具，用模具反复翻制陶俑的形象，再经过低温烧制，最后制成陶俑。北京大葆台汉墓出土的陶俑所采用的即是模具烧制。陶俑"模手合制"的意思是指工匠采用了双合模的方法，将两块半凹型模子合并在一起进行烧制，一半为陶俑的前面，一半为陶俑的后面。

陶俑的发型有许多样式，其雕刻方法也各不相同。一般会根据要模制的发式选择不同的工艺和工具。如篦纹型发式，是在陶俑的头部的初胎上覆上一层薄泥，再用篦状工具刮划出发纹，这种发式多出现在额角的鬓发上；弦纹发式，是在俑头的初胎上覆厚泥，再用棒状工具由下而上一圈圈刮划而成螺旋纹状。北京大葆台汉墓出土的陶俑有在脑后部凸起的发髻，样式比较简单，应该是在脑后部堆泥，再雕成凸起的鬓发，再进一步进行细部的雕饰而成。

北京大葆台汉墓出土陶俑的制作工艺具有西汉陶俑制作的特点，这种工艺继承了秦始皇陵兵马俑的技艺，都是分件模制的，采用外模形式，不采用二次复泥和雕塑，所谓二次复泥是指在初胎上根据对象各部位的不同再复加不同厚度的一层（或多层）。在分件模制组合后，将初形稍加整型就成了，然后入窑烧造后再直接在其外表敷一层白色的胎衣，其后在胎衣外面着色勾画出人物的细部，如五官、毛发及服饰等，陶俑的头均是采用前后两半模制而成的，前后两半的合缝在耳前或耳中则是附贴上的。这种模制技术较以往的传统技术更加省时省力，能够提高生产效率，满足当时社会的广泛需求。

四　结语

北京大葆台汉墓出土的陶俑不仅记载了汉代社会的阶级状况、社会历史的风貌，而且也反映了汉代的舆服制度、生活方式、审美情趣，更体现出2000多年前大国工匠高超的手工艺制陶水平，为研究我国汉代社会的生产、生活、葬制和葬俗等都提供了非常重要的实物资料，具有较高的历史价值、艺术价值和考古价值。

参考文献

[1] 高峰：《浅析汉代陶俑的造型特点及影响》，《陶瓷研究》2004年第1期。

[2] 欧泓妙：《汉代陶俑的审美意蕴和价值研究》，《大观（论坛）》2021年第12期。

[3] 张媛媛：《汉代陶俑中的体育题材及其价值研究——以百戏俑为例》，江西师范大学硕士学位论文，2018年。

[4] 辛龙：《陶俑制作工艺的研究——以西安地区魏晋南北朝时期为中心》，西北大学硕士学位论文，2013年。

从"荚钱"到"五铢"

——汉初货币政策的艰难转变

尉 威

五铢钱是中国古铜币名。因为钱上有篆书字体书写的"五铢"二字,故而得名。五铢钱曾经是中国历史上使用时间最为长久的货币。据记载,五铢钱从汉武帝元狩五年(公元前118年)开始铸造至唐高祖武德四年(621年)颁行"开元通宝"货币而退出流通领域,在历史舞台上演绎了739年之久。

不过,今天我们所说的五铢钱则是指汉武帝时期推出的第三款五铢钱,即"上林三官五铢"。

西汉王朝的货币政策经历了一个漫长的探索过程,才发展到成熟。自西汉王朝建立后,其货币政策屡有更张,而其中的焦点问题就在于货币的发行到底应该是授权地方和民间自行铸造还是将货币的发行权收归中央。也就是说关于货币是官铸还是民铸的问题汉朝廷一直摇摆不定,币制频频变化。

在武帝元鼎四年(公元前113年)发行"上林三官五铢"之前的80年间,汉朝廷对货币政策进行了十一次调整,这种调整既是为了顺应经济活动的现实需要进行的调控,也是对加强中央集权,推行经济统一的货币理论的尝试,是一个既要面对客观规律以顺应社会经济实际需要,又要努力摸索货币发行的规律探索加强宏观经济调控的手段与方法。

汉朝廷这80多年的探索应该说取得了非常宝贵的经验教训,对于中国古代货币政策产生了深远的影响。

西汉建立以后,进行了汉初的第一次货币改革。以"秦钱重难用,更令民铸钱"[①],也就是说秦朝发行的"半两钱"重量偏大,不适合当时的交易环境,所以汉朝廷选择了允许民间私铸货币的政策。

因为经过了秦末农民战争及楚汉战争的巨大破坏,社会经济极端凋敝,物资异常匮乏,从而引发了严重的通货膨胀,通货膨胀在货币上的表现就是市场上货币供应不足。西汉时期中国的商品经济还处在比较初级的阶段,因此货币的价值是由货币重量

---

① (西汉)司马迁:《史记》卷三十《平准书第八》,上海世纪出版股份有限公司、上海古籍出版社,2011年。

决定的，在西汉初期社会经济极端凋敝的背景下，人们的交易活动有限，且交易额偏低，自然秦朝那种重量较大的"半两钱"不好用。所以当时的市场普遍需要的是重量轻的低价值货币，同时又适应当时通货膨胀的局面，需要较大的发行数量。

但是，汉初经济过于凋敝，这就让汉朝廷无力大规模的发行官铸货币，为了增加货币供应，保证社会经济正常运转，作为权宜之计，汉朝廷允许民间铸钱。

到了吕后当政的时候，允许民间私铸货币的弊端开始出现了，市场上出现了大量重量轻而流通量大的"荚钱"，这种钱的钱文还是"半两"，但实际重量只有3铢，也就是说实际的重量是标称的四分之一（我国古代规定1两为24铢，半两也就是12铢），这就导致实际购买力的下降，加剧通货膨胀，使得物价飞腾，据史书记载，当时"米至石万钱，马一匹则百金"[①]。严重影响国计民生，对汉政权也是严重威胁，有介于此，吕后便实行了两次货币改革。

第一次是高后二年（公元前186年）秋七月，行"八铢钱"，钱文仍然是"半两"，虽然依旧是虚值的减重货币，但已经比"荚钱"增加了重量。在发行新币的同时，汉朝廷还下令禁止民间私铸货币。不过这次改革并不成功，到了高后六年（公元前182年）汉朝廷又实施了第二次币制改革，改铸"五分钱"。

所谓的"五分钱"即为半两的五分之一，重量只有2.4铢左右，低于"八铢钱"，较接近或略低于汉初"榆荚钱"，这表明"八铢钱"未能被社会和市场所认可，社会仍然认可重量较轻的"小钱"，汉朝廷在经济规律面前也只能面对现实，推行小钱政策，但这次改革成功地将铸币权垄断在汉朝廷手中。

到了汉文帝时期，为了鼓励和促进生产的发展，汉朝廷对社会经济采取更加开放与宽容的态度。在货币政策上，适应社会经济逐步恢复的客观环境，开始了新的一次货币改革。其中之一就是发行新货币。汉初的"荚钱"与"五分钱"重量太轻，已经不能适应流通需要，于是在文帝前元五年（公元前175年），"为钱益多而轻，乃更铸四铢钱，其文'半两'。除盗铸钱令，使民放铸"[②]。也就是发行新的四铢半两钱，钱重较五分钱增加不少，同时为了加快新币的普及，废除"盗铸钱令"，再次允许民间私铸，以促进新货币的推广。另一方面，国家开始有意识的对货币的规格提出法定的要求，以确保币制的统一，流通的畅通，显示出了与西汉初期不同的政策取向，表明汉朝廷在经过多年的实践已经对货币发行的管理有了一定的经验，并非简单的放任自流。最终汉文帝的货币政策取得了成功，汉初经济恢复的局面得到巩固，并逐步繁荣了起来，史书记载："非遇水旱之灾，民则家给人足，都鄙廪庾皆满，而府库余货财。京师之钱累巨万，贯朽而不可校。太仓之粟陈陈相因，充溢露积于外，至腐败不

①　（西汉）司马迁：《史记》卷三十《平准书第八》，上海世纪出版股份有限公司、上海古籍出版社，2011年。
②　（东汉）班固：《汉书》卷二十四下《食货志第四下》，中华书局，2005年。

可食。"①

但是，这种货币授权民间和地方私铸的政策，也不是没有缺陷的，其中最大的问题，便是地方诸侯经济实力因此做大。比如吴楚"七国之乱"发动者之一的吴王刘濞，就是利用境内的铜矿资源大肆铸币获得了反叛中央朝廷的经济基础。

汉景帝最终平定了"七国之乱"后，为了加强中央集权，削弱以诸侯王为代表的地方势力的经济实力，于中元六年（公元前144年），颁布了"定铸钱伪黄金弃市律"②，再次禁止民间铸钱，规定私铸货币者斩首弃市，将铸币权收归中央，汉朝廷逐渐垄断铸币权。

到了汉武帝时期，汉王朝经济逐步达到鼎盛时期，同时汉武帝本人作为一个"有为"的君主，力求巩固经济发展的成果，稳定币制，以便为今后的对外用兵和政治改革奠定经济基础。为此汉朝廷进行了多次尝试，经历了一个先劣后良的过程，其重点在于实行中央集权统一货币的铸造权和发行权，确立国家在货币领域的权威地位。

建元元年（公元前140年）汉武帝废除了汉文帝时期"四铢半两"钱，另铸"三铢钱"以代之。这次改革的目的是，试图消除市场上货币标价（钱文）与实际价值（钱币重量）不符的问题（有人会用这个差异造成的差价牟利），所以直接铸造了钱文与重量相符的"三铢钱"。

但是，由于"四铢半两"和"三铢钱"重量差异不大，市场并未能对"三铢钱"做出积极的反应，而且没能解决长期以来困扰西汉朝廷的货币"盗铸"问题，所以"三铢钱"没能坚持流通下去。

到了建元五年春（公元前136年）又废除了"三铢钱"，重新发行"半两钱"。也称"武帝半两"。

此后，汉武帝对内进行政治改革，对外打击匈奴人的袭扰，连年征伐，开拓疆土，让国家财政空前紧张，很快便耗尽了文景时期积累的社会财富。

为了应对财政危机，同时加强对社会经济的控制，稳定社会秩序，元狩四年（公元前119年），汉武帝下令重新铸造"三铢钱"，并造白鹿皮币和白金三品。为了抑制盗铸，汉武帝再次重申性的颁布了盗铸金钱者死罪令。此次改革是汉武帝历次币制改革中动作较大的一次。

所谓的白鹿皮币，就是将圈养在皇家园林中的白鹿杀掉将皮毛做成"货币"，并明码标价价值40万钱。《史记·平准书》记载："以白鹿皮方尺，缘以藻缋，为皮币，直四十万。"也就是说白鹿皮币就是一块一尺见方的鹿皮，边缘用华丽的刺绣装饰。

---

① （西汉）司马迁：《史记》卷三十《平准书第八》，上海世纪出版股份有限公司、上海古籍出版社，2011年。
② （西汉）司马迁：《史记》卷三十《平准书第八》，上海世纪出版股份有限公司、上海古籍出版社，2011年。

那么40万钱是什么概念呢？《汉书·货殖列传》记载："封者食租税，岁率户二百。千户之君则二十万。"也就是说，当时一个农户每年缴纳是200钱，一个千户侯，每年收入20万钱。可想而知，这白鹿皮币是天价。

白鹿皮币怎么用呢？其实是用于诸侯向中央朝廷进贡。《史记·平准书》记载："王侯宗室朝觐聘享，必以皮币荐璧，然后得行。"意思是说：诸侯们在向中央朝廷进贡玉璧的时候，需要用白鹿皮币衬垫这玉璧才算一份完整的贡品。这是依据周朝的时候，诸侯向天子进贡的方式。但是白鹿皮在理论上说，只有处在都城的汉武帝才有，所以每次办埋进贡前，诸侯王都得花40万的单价，买入白鹿皮币去衬垫的玉璧。可以说这就是变相从诸侯王身上征税。

而白金三品则是利用少府（管理皇室财政的机构，一般多是管理山林、海产、矿产等产业）库存的银和锡铸造三种规格的货币，这其中：

第一种为圆形，重八两，上面铸有龙形纹，标价3000钱；被定名为"白选"；

第二种为方形，重量略小于"白选"，上面铸有马形纹，标价为500钱；

第三种为椭圆形，重量再小一些，上面铸龟行纹，标价300钱。

白鹿皮币和白金三品都是汉武帝用禁苑和内府储备的稀缺物资发行的虚值货币。前者是带有政治用途，是变相的向诸侯王征税的凭证。后者则是利用试图通过在货币中掺入稀有金属，然后通过政治手段强推的虚值的信用货币。不得不说汉武帝理念上还挺超前的，在当时货币还处在以重量衡量价值的时代，他却发行了以国家信用为价值依托的货币。不过，这种超越时代的行为，注定违背客观规律。

《汉书·食货志》记载，在白鹿皮币发行后，汉武帝曾问大司农（主管经济）颜异对此事的看法，颜异就直言："今王侯朝贺以苍璧，直数千。而其皮荐反四十万，本末不相称。"意思是说，诸侯向皇帝进贡的玉璧，最多价值几千钱，而作为其衬托（皮荐）的白鹿皮币，却价值40万钱，这是明显的本末倒置。可想而知，颜异的看法让汉武帝很不高兴。后来，张汤在审理其他案件时，以"腹诽"的罪名把颜异判处死刑。

至于白金三品，则由于其贵金属成分不足，民众认为它们无法作为财富存留，所以都不愿意使用，哪怕各地官吏强制推广也没用，仅仅不到一年就被市场淘汰干净，前后经过4年，白金三品最终不得不被废弃。

现在来看这种发行货币的做法，显得有点过于儿戏，可能是汉武帝在巨大财政压力下的不得已行为。毕竟，当时的局面对汉武帝来说太棘手了，据《史记·平准书》记载，当时黄河在观县决口，梁楚等地连年水患，殃及黄河沿岸各郡县，水利工程规模巨大，而资金不同，而反击匈奴的战争又连年不断，军费开销巨大。同时山东地区也因为水灾导致人民贫困受饥，朝廷却拿不出钱救济他们。万般无奈下，只好组织将这些灾民迁徙到函谷关以西或者其他人口稀少、没有灾害的地方去。而这70多万灾民的搬迁又得依赖朝廷的供给，费用不计其数。而就在这危难时刻，那些富商大贾不仅不帮助国家救济灾难，反而趁机垄断财富，甚至哄抬物价，靠发灾难财聚集财富。这自然让身为统治者的汉武帝恼怒不已。所以他才会想出这种方法试图打击那些奸商。

不过好在汉武帝很快接受了教训，重新从客观规律着手，继续探索货币发行的正确方法。

到了汉武帝元狩五年（公元前118年）汉朝廷又下令发行"郡国五铢钱"。在发行的同时，首次颁布了货币保护的法令："令不可磨取共焙"，也就是说明确规定不许磨损钱币周郭的方法盗取铜料。

但是，由于"郡国五铢"是授权各地方郡国自行铸造，导致钱币的大小重量存在这较大差异，因此流通和管理上存在巨大的弊端，甚至出现了地方官吏故意制作重量不足的"五铢钱"，借此牟利，导致了通货膨胀的发生，给社会经济造成了巨大的损失。

至汉武帝元鼎二年（公元前115年）"郡国五铢钱"的弊病日渐显露，汉武帝不得不又"令京师铸官赤仄"，因为钱文依旧为"五铢"，所以又称"赤仄五铢"。这等于收回了对地方郡国铸币的授权，并且规定，以1∶5比率使用，并且成为朝廷收取赋税时的标准货币，"……以一当五，赋官用，非赤侧不得行"[1]。这样做可以促使人们使用新币，并对市场上劣币起到回收作用。

不过"赤仄五铢"很快也出现了问题。史书记载"赤仄钱贱，民巧法用之，不便，又废"。这是因为"赤仄五铢"本意是为了以1∶5的比率促使人们使用新币并回收过多的劣币，但由于回收需要一定的时间，这就造成了市场上一段时间内存在两种货币，"赤仄五铢"成为一种虚值的可以当作五个郡国五铢钱使用的"大钱"，在这期间，一些不法之徒就利用这一点，"巧法"套利，又造成了市场的动荡。

有介于此，汉武帝于元鼎四年（公元前113年）下令废除"赤仄五铢"，并把各地私铸的钱币运到京师销毁。中央政府成立专门的铸币机构，由水衡都尉的属官，即钟官、辨铜、技巧等三个机构负责铸钱。钟官负责铸造，辨铜负责审查铜的质量成色，技巧负责制作模具。钱币表面的钱文仍然维持郡国五铢的"五铢"二字。重如其文，也称"上林三官五铢"[2]。并且下令："令天下非三官钱不得行。"

"上林三官五铢"钱文严谨规矩，钱型整齐，铸工精细，背面比较平整，内外郭宽窄均匀，规矩整齐，再加上重量准确。这就极大地增加了盗铸者的盗铸难度，也让消费者使用更加的有信心，从而可以在短时间内净化市场上的货币。

"上林三官五铢"的发行是汉朝经济史乃至中国经济史上的大事，经过80多年的

① （东汉）班固：《汉书》卷五《景帝纪第五》，中华书局，2005年。
② 何盛明主编：《财经大辞典》，中国财政经济出版社，1990年。

探索，西汉王朝终于发行了一套理想的钱币，标志着中国古代货币政策进入到一个稳定且成熟的时期。

"上林三官五铢"的出现，再次肯定了王朝集中铸币权集中统一的重要性。在国家统一的条件下，才能实行集中统一铸造货币，用以稳定币值，促进经济发展。此后，直至西汉灭亡之时，"五铢钱"仍是最通行的货币，充分说明西汉的"五铢钱"深受百姓的信任。

北京大葆台汉墓出土的"五铢钱"分为两式：

Ⅰ式：五字中间两画直而稍弯曲，中间两画与上下横相接的地方略向里收，"铢"字的金字头似一箭镞，"朱"字头方折。其中有不少记号钱，如穿上横郭、穿下凸月牙、穿上一小孔和磨郭等。体瘦长，紫铜，铸造技术较差。钱径2.5厘米、穿宽0.9～1厘米。

Ⅱ式：比Ⅰ式有明显的变化，如"五"字中央两笔比Ⅰ式弯曲，左右两笔几乎平行，"铢"字的"金"字头与Ⅰ式同，但略小，背面周郭与穿郭均较显著。紫铜，篆文书体较方整纤秀。也有不少记号钱，形式与Ⅰ式同。

这些古钱深埋地下2000多年，为我们展示发生在汉代的一场历时80多年的"金融活动"。从"荚钱"到"上林三官五铢"，看似只是钱币的变革，实则是汉朝廷对试图掌握社会经济规律并进行干预、调控的探索过程，"五铢钱"的出现则是这一探索过程的阶段性成果。

"上林三官五铢"的出现，标志着中国古代货币政策走到了时代的高峰，也为日后2000年中国货币制度提供了成功的典范。

参考文献

[1]（西汉）司马迁：《史记》卷三十《平准书第八》，上海世纪出版股份有限公司、上海古籍出版社，2011年。

[2]（东汉）班固：《汉书》卷五《景帝纪第五》，中华书局，2005年。

[3]（东汉）班固：《汉书》卷二十四下《食货志第四下》，中华书局，2005年。

[4] 何盛明主编：《财经大辞典》，中国财政经济出版社，1990年。

也说黑漆衣陶器

尉　成

漆衣陶器是一种在陶器上髹漆作画的器物。在陶器上施加彩绘，这个传统可谓古已有之，诸如河姆渡遗址的陶器上都出现过比较精美复杂的彩绘。而根据考古资料显示，1960年江苏吴江梅堰新石器时代遗址中发现的陶器上的彩绘，其用料和汉代漆片的性能相同①，也就是说在适合髹漆的南方，早在新石器时代晚期即出现了髹漆而成的漆衣陶器。

随着彩绘陶器和漆器制造技术业的进步，漆衣陶器在战国中晚期逐步走向了成熟。因自然地理的关系，漆衣陶器最初主要在楚地比较流行，不过数量并不大，主要模仿当时的主流漆器造型和彩绘。

出土漆衣陶器的墓葬普遍是中小型墓葬，葬具多为一椁一棺或一椁二棺，通常有少量或没有随葬铜器，但普遍随葬成套的漆衣陶礼器，说明当时漆衣陶器的主要使用者多为中小层官吏。

进入西汉以后，漆衣陶器开始逐步走出楚地，向全国范围扩散。器形和纹饰在保持和延续战国晚期楚地风格的基础上融入了一些其他地区的风格。流行区域逐渐扩大到河南、山东、河北、北京等地。到了西汉中期，四川也开始出现漆衣陶器，并在新莽时期开始流行。而且，流行的阶级范围显著扩大，上至王侯，下到乡里地主的墓葬中都有所发现。不过比较有意思的是，作为当时汉王朝政治中心的关中地区却很少发现漆衣陶器。

漆衣陶器在西汉时期大规模的流行不是偶然现象，有着一定的历史背景。总的来看，漆衣陶器的使用其实是和漆器的流行相伴随，作为昂贵漆器的"代用品"服务于当时的殡葬。因为漆器非常的昂贵，且制作工序复杂，《盐铁论·散不足·第二十九》载："一杯瘿（忧郁病，这里引申指烦劳、麻烦他人）用百人之力，一屏风就万人之功……一文杯得铜杯十。"也就是说在当时一件漆杯花费的资金可以制造十个铜杯，并且调动百余人的人力资源，而一件漆屏风干脆需要动用上万人的劳力才能制作出来。这种巨大的消费，哪怕是贵族都觉得难以负担，更何况还要陪葬墓中，无

---

① 江苏省文物工作队：《江苏吴江梅堰新石器时代遗址》，《考古》1963年第6期。

疑是对社会生产力的巨大浪费，不仅不利于生产，更会激化社会矛盾。

有介于此，西汉的统治者汉文帝开始推行"薄葬"，根据《汉书·文帝纪》记载，他在遗诏中要求：墓中的随葬品"皆瓦器，不得以金、银、铜、锡为饰……"，也就是说随葬品直接用陶器，不得用贵种金属进行装饰，同时自己的陵寝——霸陵"……因其山，不起坟"。也就是说直接在山体上凿山为陵即可，不要在平地动用人力起大型的坟丘。

有了最高统治者的榜样示范作用，西汉王朝的殡葬观念自然也有了很大的改变，而漆衣陶器这种原本就是昂贵漆器代用品的东西，也就受到了青睐，迅速从楚地走向全国。

北京大葆台汉墓出土的黑漆衣陶器，包括黑漆衣陶鼎1件、黑漆衣陶壶2件、黑红外黑陶盘1件、黑漆衣陶盘2件，主要以仿青铜礼器和生活实用器为主。此外，该墓还出土了一定数量的陶耳杯。这说明到西汉中期，黑漆衣陶器的使用方法依旧延续战国以来的思路——作为青铜器和一些昂贵漆器的代用品。这些漆衣陶器的漆料是石英（SiO_2）、顽辉石（$MgOSiO_2$）以及无定型玻璃相等无机矿物漆料，而并非漆树树脂[①]。这说明西汉中期，漆衣陶器已经脱离传统的"在陶器上髹漆作画"的工艺，开始探索适合在陶器上附着的漆料。而事实上，这种矿物漆料在陶器上的附着效果，也确实大大强于传统的漆树树脂。这种变化，其实已经隐隐透露出技术发展的先兆。因为同样在北京大葆台汉墓之中还出土了一件绿釉陶壶，釉料的贴合能力较之矿物漆料更加可靠，这也预示着瓷器时代的到来。

如上所述，西汉中后期，新的生产技术正在悄然发展，漆衣陶器不可避免地走向衰落。进入东汉，釉陶技术更加成熟，开始成为陪葬器的主流产品。而到了东汉后期，瓷器终于脱颖而出，漆衣陶器最终被这些新产品所取代，消失于历史长河之中。

参考文献

[1] 江苏省文物工作队：《江苏吴江梅堰新石器时代遗址》，《考古》1963年第6期。

[2] 中国社会科学院考古研究所：《新中国的考古发现和研究》，文物出版社，1984年。

[3] 大葆台汉墓发掘组、中国社会科学院考古研究所编：《北京大葆台汉墓》，文物出版社，1989年。

[4] 李强、李伟东、罗宏杰、赵凤燕：《西安汉墓出土漆陶器的科学研究》，《自然杂志》2016年第1期。

---

① 中国社会科学院考古研究所：《新中国的考古发现和研究》，文物出版社，1984年，第475页。

辟邪镇宅　叩响千古
——馆藏珍品鎏金铜铺首

匡　缨

一　馆藏珍品

"鱼钥兽环斜掩门，萋萋芳草忆王孙"，这是唐代诗人赵光远故地重游，寻访歌伎杨莱儿不得时，望着鱼形的门锁、兽面的门环写下的诗句。诗中提及的"兽环"俗称门环。准确地讲，门环只是门上吊着的圆形或其他形状的环，而门环的底座则叫作铺首。所谓"铺首"，其实就是门上的拉手装饰件。

古代住宅的大门上通常都有一对铺首衔环，客人来访时站在庭院深深的门前，用手拍击门环，门环撞击在门上发出清脆而响亮的声音，主人听到后便知有客人来到，方便开门迎客。汉代司马相如《长门赋》中写道："挤玉户以撼金铺兮，声噌呐而似钟音"，描写的就是环叩金铺的情形。而句中的金铺有两种可能：一种是铜质鎏金的铺首，是等级最高的铺首，还有一种可能就是指青铜打造的。汉代人不仅在自家住宅的大门上饰以铺首衔环以求其将疾病、灾难阻挡在大门之外，而且在阴宅建筑中也饰以铺首衔环，以求辟恶鬼。汉代人相信将铺首衔环刻在墓门上是可以驱邪避鬼的，因而常与御四方的四神（青龙、白虎、朱雀、玄武）搭配使用，以达到辟邪、护佑亡者的目的。

走进在北京大葆台汉墓一号墓的地宫，在黄肠题凑木墙的正南方，设有一个墓门，墓门宽3.6米、高3米，门上装着一个鎏金灿灿的青铜兽面铺首，高24.5厘米。这件铺首整体看来是一个怪兽的模样，兽眉向斜上方延伸出兽角，兽角又有分岔，兽角下各有一个小兽耳，有须状装饰。双眼上方有三道阴文眉，双眼凸出，面颊微鼓，鼻嘴相连的缝隙处露出獠牙，呈狞笑状。器物的造型威猛粗犷，有一种不可直视的威严，使得外来的魑魅魍魉无法靠近。这件铺首的质地为鎏金铜质，是等级最高的，它彰显着西汉王族的至尊荣耀（图一）。

铺首为何要做成兽面模样？铺首安装在墓门上有什么功效？说起来我们的祖先跟野兽极有渊源。远古时期人类的生活与兽类戚戚相关，他们狩猎野兽以维持生存，同时又与野兽有着种种精神上的联系。因为猛兽的威武凶猛，它们成为人们心中力量的

图一　北京大葆台汉墓一号墓出土鎏金铜铺首

象征，猛兽的图像与猛兽自身一样拥有超神秘魔力，用它来驻守门户自然更为安全。

二　铺首的由来

铺首最早出现在新石器时代，它的功能主要是"辟邪"。直到汉代，它才有了"铺首"这个正式的名称，在汉代文献中有明确的说法，"门之铺首，口中衔环者也"。班固《汉书卷十一·哀帝纪第十一》记载："丁巳皇太太后傅氏崩，三月丞相嘉有罪，下狱死。秋九月，大司骠骑将军丁明免，孝元庙殿门铜龟蛇铺首鸣。"这段记述了铺首出现在庙殿的门上，造型由龟和蛇组成，代表方位中北方的玄武。

汉成帝时有一首童谣，也说到铜色青青的铺首："木门仓琅根，燕飞来，啄皇孙……"童谣影射皇后赵飞燕的得宠，其中"仓琅根"三字形象地描述了当时铺首衔环的典型特征。颜师古注释："铜色青，故曰仓琅。铺首衔环，故谓之根。""仓琅根"三字，形、色兼备，准确地描述了当时铺首衔环的青铜质地、仓琅的色泽以及兽首衔环的形式，这三字被后世传为铺首衔环的异名。这首童谣也印证着秦汉时期木门上装饰的主流做法：苍青色的铺首衔环配以朱漆色的大门。

铺首的称谓来源有两种说法。一种说法是由青铜器上的饕餮纹演变而来，另一种说法则来自民间传说。根据史料记载和考古发现，铺首的形象源自于先秦的饕餮纹。饕餮，是古代汉族神话传说中的一种神秘怪兽。古书《山海经》中是这样介绍的：其形状如羊身人面，眼在腋下，虎齿人爪，大头大嘴，性格贪婪。饕餮纹这种纹饰最早出现在距今5000年前长江下游地区的良渚文化玉器上，后来更多见于青铜器尤其是鼎上。"饕餮纹"的叫法最早是从宋代才有，宋朝人将青铜器上表现兽面的头部，或者以兽的头部为主要纹饰的都称为"饕餮纹"。而实际上这类纹饰就是各种各样动物的真实面目或是想象中的动物头部正面的图案。因此，准确地说，铺首衔环来源于我国古代器物上以兽类的头部为主作为装饰，并具有某些实用意义的器物部件。

《后汉书·礼仪志》说："施门户，代以所尚为饰，商人水德，以螺首慎其闭塞，使如螺也。设别名金铺、金鲁门户，欲使闭藏当如此固密也。"这段是说商代人怕水，为了防止水漫入室内，于是把铺首造成螺首的造型，螺蛳性好闭，最反感别人进入它的巢穴，因而人们常将其形象雕刻在大门的铺首上，或刻画在门板上，取其可以紧闭的意思，以求安全。这种说法更符合建筑部件上铺首衔环的来源，同时也更赋有民间气息。

那么，铺首是怎么与建筑门扉完整地融于一体的呢？铺首是古代门祭习俗的一种形式。在古代传统的民俗观念中，人对神灵鬼怪有信仰崇拜和禁忌规避的心理，同时还作了时空分隔。人们对鬼魅邪神的威胁，特别是在季节交替、时令变化的时间（一般都是几天或更长的时间）更加畏惧。"门"作为人与外界的分割界限，在古人的生活和心理上产生了屏障保护作用，于是就采用种种信仰崇拜和控制仪式等一些方法，以避免和禳除可能发生的侵害。据记载，周朝就有祭门户的习俗。古代祀典中有五祀之说，即祭祀门、行、户、灶、中酮等五神。由于社会的进步，祭祀用的祭品或器物由以前的"牲人"变为宰杀动物来祭祀祖先，也有将氏族的图腾或禁忌的动物头安置在门上作为祭祀方式的民俗。到了汉代，门上安置动物的头演变成了汉代"门"上的"铺首"，形成新建筑的装饰风格和风俗，并且暗含了"镇灾避邪"的功能。

不论从文献和对照实物形象看，铺首这个称呼都不是实指。也就是说，它是一种艺术的概括。铺首塑造了一个超厉害的形象，集勇武、凶猛的动物于一身。它拥有炯炯有神的眼睛，锋利的獠牙，嗅觉灵敏的鼻头，竖立的大耳，坚硬的鬃毛；如虎似狼，像狮似豹。总之，它是人们想象中的一种内慈外凶的兽类形象。有了这样的铺首衔环，门户当然安然无虞了。

三　铺首的文化意蕴

铺首作为具有实用功能和带有象征意义的配件，不仅满足了许多领域的实用功能，而且还传达了内在的象征意义。

在这建筑门饰形式里，铺首包含着丰富的文化内容。它镇宅辟邪，保佑家宅的安全。正如清代《字沽》所说："门户铺首，以钢为兽面衔环著于门上，所以辟不祥，亦守御之义。"起初，门的基本功能是抵御野兽、遮风挡雨，后来，人们赋予了门以驱鬼辟邪的功能，当时人们认为，放一个怪兽衔环在大门门环处，可以防止妖魔鬼怪进入。通过铺首凶猛、威慑的外形特征，达到驱邪镇宅之意。汉代人认为，人死以后魂与魄是分离的，灵魂能够自由活动，而魄却留在墓室里，只有保护好体魄，灵魂才能不灭、才能为升仙创造条件。体魄如何保护，这在当时来说是一个非常困难的问题，人们最担心的是它会被鬼魅吃掉。汉代人把墓门看作是门户的标志，而且相信将铺首衔环刻在墓门上是可以驱邪避鬼的，因而常与御四方的四神（青龙、白虎、朱雀、玄武）搭配使用，以达到辟邪、护佑亡者的目的。

升天和升仙的工具。秦汉时期，道家十分得势，神仙思想盛行。道家吹嘘能求得不死之药，召鬼神，访仙人，修道成仙，超世永生。汉代盛行厚葬，追求长生是汉代人的重要思想意识，他们认为人死后从人间到仙界长路漫漫，而在这一路上充满了鬼魅，若想羽化升仙需要借助工具祛魅辟邪。这样，铺首就担起了这一重任，它样子威猛，眼睛硕大，可以克制鬼祟。

身份地位的象征。传统住宅中门的形式和装饰程度都是社会地位的象征，铺首的图案样式更是成为非富即贵的身份象征。兽面衔环是帝王和权贵之家常见的样式，如明清皇家建筑门环多为龙形铺首衔环，象征皇家的威仪，具有更多的礼制涵义。普通民宅则不能使用兽面衔环，而使用底盘为圆形、方形、六边形、菊花形或梅花形，中央为圆形凸起的铺首，再配以金属挂件的门环。明清两代等级制度森严，此时，铺首衔环按等级分为金质、铜质、锡质和铁质四个等级。"清代规定，皇宫的门环为鎏金，一、二品官为铜质，三品至五品为锡质，六品至九品官为铁质"。我们可以从铺首的造型分辨出户主人的身份和地位，所以铺首成了中国传统建筑上体现礼制等级的装饰符号。

祈福纳祥。祥瑞思想产生于先秦，《山海经》中有众多骑行怪兽且具有神力的瑞兽记载。汉朝时期祥瑞思想深入人心，西汉昭帝始元三年（公元前84年）有这么一则记载："冬十月，凤凰集于东海，遣使祠其处。"说的是这一年有许多凤凰集聚于东海，是祥瑞之兆，暗示着治国有方，国泰民安，便派人去那建立祠堂，以作祭祀。在这样的社会风气下，青龙、白虎、朱雀、玄武、伏羲女娲等作为神仙世界的形象，便成为人们理想的吉祥物。人们把这些吉祥物与铺首组合在一起，托寄心中对吉祥幸福的愿念。而在民间，人们将葫芦、猫、蝴蝶、几何形等带有象征意义的动植物做成铺首用于门扉上，以祈望获得吉祥。如"蝙蝠"寓意"多福"，"葵花"寓意"多子"，"狮虎"寓意"镇宅"等等，不一而足。

四　结语

铺首是含有驱邪意义的汉族传统建筑门饰，距今已有2000多年的历史。它们既能实现叩门和拉门的实用功能，又能起到装饰、美化大门门面的艺术效果，因其承载丰富的精神意蕴而被形象地誉为门的图腾，数千年来一直是社会地位、财富等级、权威与荣耀的象征。古代人将铺首衔环的象征含义刻在了墓室里，寄托了活人的永生信仰和对死者的崇拜。作为一种艺术符号，铺首承载了悠久的历史和文明，从最初的驱鬼辟邪到后来的祈福纳祥，从最初的宗教祭祀用品到普通建筑实用领域，在不断的交融中创新、传承。总之，铺首将厚重的文字记载的历史用艺术的方式呈现在我们的眼前，具有极高的文化价值。

参考文献

[1]（东汉）班固：《汉书》，上海古籍出版社，2003年。

[2]（明）张廷玉等：《明史》卷六十八《志四四·舆服四》，中华书局，1971年。

"木手杖" 与汉代敬老

徐　超

1974年，北京大葆台汉墓出土了一件毫不起眼的木手杖。它长90厘米，为天然木略加工而成，被发现于中棺盖板上。出土时，已被外棺压扁，但仍能够分辨出此为一件手杖。考古人员对于此件出土文物定名不明，没有确认此物到底为木杖还是鸠杖，而这两种名称所代表的文物用途及文化内涵则相去甚远。要想弄清楚北京大葆台汉墓这件文物的用途，还需要看看同时期考古出土情况。

一　考古学上的汉代木杖

经过笔者初步统计，截至目前，在新中国成立以后我国汉代考古发掘中，一共发现汉代铜鸠杖首4件，木鸠杖12件，汉鸠杖画像石14幅（详见表一、二）。

表一　新中国成立以后发现汉代铜鸠杖首统计表

时间（年）	地点	年代	名称	出处
1968	河北满城	西汉	铜鸠杖首	《满城汉墓发掘报告》，文物出版社，1980年
1974	广西平乐	西汉	铜鸠杖首	《广西平乐银山岭汉墓》，《考古学报》1978年第4期
2002	广东广州	新莽	铜鸠杖首	《中国文物报》2003年4月2日
	甘肃（馆藏）	汉代	铜鸠杖首	《青铜器》，敦煌文艺出版社，2004年

表二　新中国成立以后发现汉代木鸠杖及相关竹简统计表

时间（年）	地点	年代	名称	出处
1959	甘肃武威	东汉	木鸠杖3根 王杖10简	《甘肃武威磨咀子汉墓发掘》，《考古》1960年第9期
1972	甘肃武威	东汉	木鸠杖	《甘肃武威磨咀子汉墓发掘》，《文物》1973年第1期
1973	江苏连云港	西汉	木鸠杖	《海州西汉霍贺墓清理简报》，《考古》1974年第3期

时间（年）	地点	年代	名称	出处
1973	江苏连云港	西汉	木鸠杖	《江苏连云港市海州西汉侍其繇墓》，《考古》1975年第3期
1981	甘肃武威（征集）	汉代	王杖诏书令（竹简26枚）	武威县博物馆：《武威新出王杖诏令册》，《汉简研究文集》，甘肃人民出版社，1984年
1983	湖北江陵	西汉	木鸠杖	《江陵张家山汉简概述》，《文物》1985年第1期
1984	甘肃武威	汉代	木鸠杖	《中国考古学年鉴1985》，文物出版社，1985年
1989	甘肃武威	东汉	木鸠杖竹简2枚	《甘肃武威旱滩坡东汉墓》，《文物》1993年第10期
2002	山东日照	汉代	木鸠杖	《日照海曲汉代墓地考古的重要发现》，《文物世界》2003年第5期
2003	江苏连云港	西汉	木鸠杖	《扬子晚报》2003年3月20日
	江苏扬州	汉代	木鸠杖	《扬州馆藏文物精华》，江苏古籍出版社，2001年

在这些出土实物当中，甘肃威武地区出土的文物值得格外关注。一个是1959年甘肃武威磨咀子18号汉墓出土2枚木质鸠杖。鸠杖一完一残，其中完整的鸠杖为长194厘米的木杆，圆径4厘米。竿端以母卵镶一木鸠，其中一根鸠杖上缠有记有王杖诏令的竹简10枚，可确证此木鸠杖为汉王杖。关于王杖的长度，《续汉书·礼仪志》如是道"长〔九〕尺"。陈直先生考证："汉九尺约合今2米左右，出土王杖长近2米，正合。"另一个是1989年甘肃武威旱滩坡出土的木鸠杖，且墓中有记录王杖诏令的竹简2枚。该件木鸠杖杖首鸠鸟完整，作蹲伏状，张口，通体以白粉涂饰后，再用墨线勾绘，手执握之处较磨咀子王杖更光滑。可以说，武威地区的鸠杖价值突出，具有重要代表性，是目前学界关于汉代王杖研究的重要实物资料。

除甘肃地区外，江苏连云港及山东日照等地区也有木鸠杖出土。其中，江苏连云港侍其繇墓出土鸠杖，表面黑漆并绘以红色斜线文，顶端插一木鸠。墓主人骨骸经鉴定为男性老年。同地另一鸠杖墓主人霍贺的"骨骼保存完好，牙齿已有残缺，冠部磨损严重，经鉴定年龄已七十以上"。侍其繇、霍贺的墓葬年代为西汉后期，地属东海郡，与同期尹湾汉简《集簿》所记70岁授王杖相契合，故此类木鸠杖也应是汉代王杖。

由于年代和地区不同，汉代王杖有所差异，如甘肃武威所出王杖年代为东汉初期，较为粗糙，而江苏连云港所出王杖多为西汉后期，且以黑漆杖为主，较为精美。汉代王杖长度约在2米左右，木质结构，杖首鸠鸟作蹲伏状，无曲颈回首者，形态相似，可知有一定的形制。而汉画像石鸠杖图，各类鸠杖画像亦大同小异，与发现的王杖实物基本吻合。

需要着重指出的是，河北满城中山靖王刘胜墓出土的鸠杖，杖首仅为鸠头，无身，而其他青铜杖首鸠鸟多作曲颈、回首状，与王杖实物、鸠杖图相去甚远，它们大多做工精美，错金错银，是一种奢侈品，而王杖诏令规定"王杖不鲜明，得更缮治之"，应为实用品。

北京市大葆台西汉墓博物馆所藏"木手杖"无鸠头，长度为90厘米。这与甘肃武威磨咀子18号汉墓出土的完整鸠杖形制不同。但是在该墓葬群的16号、17号墓里还出土了两根木棍，长短不一。其中17号墓出土的长约71厘米，有使用磨痕，发掘人员认为"好像是死者生前的拐杖"。值得注意的是这两根木棍也是位于棺盖上。无独有偶，江苏连云港海州西汉霍贺墓里也出土了一根木棍，是未经修饰的树枝，无树杈，断为二，长约119厘米，棍粗2.3～2.6厘米。发掘人员同样认为这根木棍可能是死者生前的拐杖。需要重点关注的是，这根木棍与鸠杖一起放置于棺椁旁边的南边厢。此外，1976年广西贵县罗泊湾1号汉墓里出土一根木杖，是用一树枝剥去树皮稍加修整制成，枝丫近似垂直以作杖首，长约136厘米，杖首横长20.5厘米。它是较为代表性的实用性手杖，可与北京市大葆台西汉墓博物馆馆藏"木手杖"对比。综合上述出土材料，可以确定北京大葆台汉墓出土的这件"木手杖"应为实用性手杖而非鸠杖。

二　文化内涵里的汉代手杖

杖，又称"手杖"，俗称"拐杖"，虽然在今天是任何人都能使用的东西，但在我国古代却是一种表明身份的器物，并因此形成一种尊老的制度，即"赐杖"制度。这种制度早在汉代之前便已存在，《礼记·月令》就记载到"仲秋之月……是月也，养衰老，授几杖，行糜粥饮食。"几杖就是坐几和手杖，老年人可借助二物小憩或行走。糜粥，指的是煮烂并且黏稠的米粥，具有食疗作用，可温补益气养衰老。君主恩赐几杖、糜粥，不仅代表一种关心，更是一种荣誉。

到了汉代，朝廷推崇以孝治天下。大约从汉文帝开始，敬老尊老遂成为一种时尚，并渐渐演化成为一种制度、一项国策。汉廷不但每年都要举行敬老活动，给年龄在70岁以上的老人颁发几杖、羊酒、糜粥、布帛，而且皇帝还时常直接邀请一些年事已高的老人共赴盛宴，以此来教育和影响全社会尊老敬老。上文所提到的武威汉简中有一篇《王杖诏令》，明确记载了朝廷颁赐几杖以及违反规定如何处罚的事例。"元延三年"简载："高皇帝以来至本始二年（公元前207年～前72年），朕甚哀怜曹老高年，赐王杖，上有鸠，使百姓望见之，比于节。吏民有敢骂詈者，逆不道……得出人官府，节弟（第）行驰道中，列肆贾市毋租"，"制诏御史：年七十以上杖王杖，比六百石，入官府不趋。吏民有敢欧（殴）辱者，逆不道"。

　　到了东汉，颁赐老人几杖更是成为定制。东汉章和元年（87年）秋，汉章帝颁布诏书："令是月养衰老，授几杖，行糜粥饮食。"汉代几杖带有很强的政治因素，其与国家统治倡导的敬老尊老关系密切。在汉代，有文帝赐吴王刘濞、武帝赐淮南王刘安几杖的政治行为。汉代的几杖相较前代不仅意味着帝王的关心，其本身更是在大一统的制度下融入了皇权的内涵。谁能得到这个几杖，谁就会非常荣耀。因此几杖很自然地就被朝野人员所关注，成为尊贵的象征。

　　杖的文化内涵里有尊责、甚至是神圣之意，因此古人十分讲究它的制式和用料。汉代最常用的一种制杖的材质是灵寿木。据《汉书·孔光传》载："赐太师灵寿杖。"颜师古注曰："木似竹，有枝节，长不过八九尺，围三四寸，自然有合杖制，不须削治也。"这种灵寿木又称之为灵节，《山海经·海内经》说到"灵寿实华，草木所聚"。汉代人不仅追求灵寿木成材似杖的天然而成，而且用它制杖必须"合杖制"。由此可见，敬老养老的社会习俗下杖的尊贵性。

　　在司马迁的《史记》中里曾提到一种邛竹杖。《史记·西南夷传·集解》说到"邛，山名，此竹节高实中，可作杖。"筇竹，原产地在四川邛都之山。那里多邛竹，适合做杖，称之为邛竹杖，后人习惯加竹字头为筇。这种邛竹杖在汉代名气很大。据《史记·大宛列传》所载，张骞在出使西域归来后向汉武帝禀报见闻时，谈及他曾在大夏国看到汉朝的两样东西，"臣在大夏时，见邛竹杖、蜀布"。由此，引发了汉武帝征服西南夷、开凿犍为道，寻找西南通向大夏途径的行为。

　　北京大葆台汉墓出土了这件木手杖所采用的很可能就是上述两种材质。从整体造型来说，符合汉代人关于制杖"不须削治"、浑然天成的追求。此件木手杖虽然极为简单，但它所折射出汉朝人敬老、尊老的文化内涵却十分丰富，仍然值得今人细细品味。

参考文献

[1] 李立：《"鸠杖"考辨》，《深圳大学学报（人文社会科学版）》2008年第2期。

[2] 朱红林：《汉代"七十赐杖"制度及相关问题考辨——张家山汉简〈傅律〉初探》，《东南文化》2006年第4期。

[3] 郭浩：《汉代王杖制度若干问题考辨》，《史学集刊》2008年第3期。

[4] 王晓轩：《近十年来汉代王杖制研究综述》，《洛阳师范学院学报》2011年第1期。

漆器？陶器？从特殊的漆衣陶器谈起

宋伯涵

我国是漆文化与陶文化历史最为久远的国家。远在新石器时代，我国就已经有了漆器。浙江河姆渡新石器时代遗址出土一件木质碗，该碗的内外用红色涂料涂饰，据分析，"它的物理性能和漆相同"。在中国7000多年的漆器文化发展史上，汉代漆器被认为是一枝独秀。漆衣陶器，产生于战国中期，流行于西汉早中期，是一种把木胎和夹纻胎漆器技术，移植到素面陶器上进行髹漆作画而成的一种陶器。因此在介绍漆陶器前，我们先了解何为漆，何为髹漆。

一　漆

漆，就是由漆树上割取得到的一种汁液，此种液体呈乳白色，是我国特产之一，故又称"国漆"，也称之为"生漆""大漆""土漆"或"天然漆"。

中国古代对漆称谓的定义见于东汉许慎撰写的中国第一部字典《说文解字》："漆，木汁也，可以髹物，从木象形，漆如水滴而下也"。而今学者史树青先生所言更是详尽："漆字，上部从木，左右各一撇，像用刀切破树皮，以竹管外导，下部从水，像木汁流出状。"

漆树，落叶乔木属，叶呈椭圆形，为羽状复叶。其树高大者可达二至三丈。该种落叶乔木在东经97度以东、北纬38度以南的中国较广的区域里均有分布，尤以湖北、湖南、河南、贵州、云南、四川、陕西、安徽、浙江、福建、江西等地产量最高。

二　髹漆

"髹"既指"以漆漆物"，又指"赤黑色的生漆"。"髹饰"两字最早见于《周礼·春官·巾车》："车……髹饰。"至于"髹"字，本为名词。《周礼》郑玄注曰："髹，赤多黑少之色。"因其颜色类似鸟雀头颈部的朱褐色，故又称为"雀色"。后来，"髹"字作为漆艺的专有动词使用，韦昭曰:"刷漆为髹"；颜师古曰:"以漆饰物谓之髹。"将大漆涂抹在各种可依附的器皿上作为装饰的过程又称为髹漆，其产物即漆器。而髹漆工艺在经过汉代初期的发展后基本完备并日趋成熟，随后漆器的发展在汉代进入了鼎盛时期。同时汉代厚葬之风盛行，漆器作为一种权利、地位和身份象征的器物也自然而然地成了丧葬之重器，如《铁盐论·本议》所述"……兖、豫之漆丝纻，养生送终之具也……"

宋、元以前的文献记载鲜见关于我国古代漆器的制作，少有论及其具体操作工序。相传我国第一部见于著录的专科书是五代时朱遵度的《漆经》，共有三卷，是一部漆艺专著，惜早已失传。元末明初陶宗仪所著《辍耕录》和明代隆庆黄成所著《髹饰录》及曹昭所著《格古要论》等书籍在漆艺论述方面较为详尽，而其中又以漆艺家黄成著述最为完整。据上述书载内容以及运用现代技术手段可知，漆器之制作工艺大致可以概括为制作胚胎、器表涂刷和漆上装饰这三大步骤。从涂漆到彩绘，从粘贴到镶嵌，从针刻文字到款彩，从堆漆到雕漆，变着皆为器物髹漆技法。素髹是最古老的髹漆技法，始于远古，盛于宋代；髹画工艺至秦汉时期已趋成熟；镶嵌工艺发端于良渚文化时期，源于生漆的胶粘加固特性和对审美的追求，元代走向成熟；金髹工艺的兴起与金工技术和髹漆工艺的发展密切相关，唐代的金银平脱是其发展顶峰；锥画技法始于春秋战国时期的漆器表面针刻文字，为后世雕填、戗金、雕漆之先声；堆漆有如雕漆之美，商代可觅其踪迹，兴于汉代，由此催生了雕漆、纹髹等工艺；雕漆自唐代初兴，元代达顶峰，它是在汉代堆漆、锥髹、夹纻漆艺的基础上发展起来的。

三　何为漆衣陶器？漆陶器的发展历史

漆衣陶器是指在陶器上髹漆作画的器物，通常又被称为漆陶器。明黄成在《髹饰录》中将之列于质法门，告知从事纹饰时，切不可忘却器物本质。在我国早期制作的漆器中，其胎（即质）绝大部分以木质、陶质和苎麻为之，稍后，有以金属（如金、银、铜、锡类）和非金属（如竹、藤皮、纸类）材料为之。《髹饰录》中曾提到"窑胎"。所谓"窑胎"，从广义上来讲包括陶与瓷。胎体的用料不同，包括"瓷胎"和"陶胎"两种类型。因此，以陶为胎体的漆衣陶器亦可称为陶胎漆器。

（一）新石器——在日用器皿中的兴起

漆陶工艺的历史起源推前到新石器时期。这时的漆陶器大部分的造型以壶、罐为主，装饰纹样以几何图案为主体，通体用一两个漆色绘制，简朴实用。这与人类的生产生活密切相关。1957年，在江苏吴江良渚文化遗址中出土有漆绘彩陶杯和漆绘黑陶罐。这种黑陶杯和壶呈灰黑色，用生漆描绘粗线纹，亦有用生漆在杯口缘进行大面积的涂饰，有的漆色呈赭黄，线条较宽。其色彩以朱黑色为主，造型装饰采用描绘手法，同时出土的还有许多朱绘黑陶圈足残片。通过考证，这是目前发现最早的漆陶。1959年在江苏梅堰遗址出土的髹漆黑陶罐，其颈部仍然可以看到棕红、赫黄两种色漆装饰的弦间丝绞纹。

（二）春秋战国——在冥器中的进一步发展

春秋战国时期，墓葬之风兴起，手工艺的高度兴盛，青铜器衰落，漆工艺兴起，推动漆陶工艺发展到顶峰，漆陶的种类逐渐丰富，有罐、杯、壶、钫等，装饰纹样以蟠螭纹、云凤纹、几何纹、狩猎纹为主，装饰手法有描绘、雕刻等，常用作明器。如湖北云梦县珍珠坡1号墓出土的漆衣陶壶，造型外观曲线优美流畅，采用蟠螭纹进行装饰，黑、红、黄色漆料作为主要色彩，层次丰富。河南信阳墓出土的大量漆器，其中一部分就有彩绘陶壶，漆绘装饰布满壶身，层次丰富、线条均匀流畅制作精良。

（三）秦汉时期——在漆器日用品中走向鼎盛与衰败

一方面，至汉代，漆的种植和制造进一步发展，为陶器髹漆工艺发展提供了必要条件。在陶器上髹漆，可使暗色的陶器变得颜色鲜艳，光彩照人。山东临沂银雀山4号西汉墓，出土的陶胎漆器多达21件，它们表里均髹红褐色漆，器形有壶、盘、鼎、盒等。西汉早期，统治者注重休养生息，轻徭薄赋，手工业发展迅速。再者，汉代重视丧葬，但是西汉早期的统治者提倡简葬，髹漆工艺在丧葬艺术中便能够发挥重要的作用，一方面在材料上不如青铜器等贵重，另一方面漆器的色泽鲜艳，绘制灵活，尤其是棺椁的装饰使用漆艺可以收到意想不到的效果。除此之外，像山东临沂银雀山4号墓这样，在陶器上饰漆，使陪葬品既显得富丽堂皇又使用价格低廉的瓦器，自然是一举两得。

但另一方面，随着陶瓷低温釉彩的出现，陶瓷工艺得到进一步完善，在具备实用性的条件下，釉彩的出现满足了大众的审美需求，且操作简单，较易得到想要的装饰效果。因而陶瓷的应用进一步被推广扩大，陶瓷的蓬勃发展促进了漆陶器造型种类的丰富，但因大漆装饰过程相较低温釉彩更为复杂烦琐，漆陶的生产规模数量大幅下降。东汉以后，随着陶瓷工艺技术的发展完善，陶瓷逐渐成为大众最普遍的日用工艺。漆陶的发展受到抑制逐渐衰败，陶瓷日用品逐渐取代漆器日用品的历史地位，漆器开始向纯观赏性发展，用漆在陶胎上装饰的漆陶已不多见。

（四）唐代——淡出日常，走向创新

唐代是我国封建社会经济与文化昌盛的时期，这个时代的漆器慢慢走出了日常生活用品的行列，漆器的髹漆技法种类也有着较大的创新。在制作的工艺上要求更

加严格苛刻，如金银平脱的盛行就很明显的说明了这一点。与此同时，漆陶工艺也越发精进。

（五）宋代——工艺复杂，胎底薄

宋朝的漆器工艺制作工序繁杂，最大优点就是将底胎做得很薄。最具特色的就是器物底胎使用圈叠胎，宋代漆器也产生了新的漆工艺技法，代表性技法有螺钿、戗金、堆红等，尤其是锁金工艺在后来的元朝得到了进一步的发展。

（六）明清时期——"漆砂"器

漆器的工艺技术种类又再一次得到进步与创新，如一色漆器、描金、罩漆、描漆、堆漆、犀皮、雕填、螺钿、款彩、剔红、剔犀、百宝嵌等。明清时期出现了"漆砂"器，用紫砂壶作为胎体的"漆砂"器特点丰富壶型种类多样，装饰风格以描绘、镶嵌、雕漆为主，故宫博物院所收藏大明时期紫砂胎山水人物四方壶是明清"漆砂"器的代表。

四 传统与现代碰撞的漆陶工艺

传统意义上的漆陶是以漆为主要装饰材料结合漆艺的装饰技法修饰在陶胎上，陶瓷中的釉料也是漆陶创作中的装饰特点之一，漆色配合着釉色的使用，为漆陶器增添了多样的艺术效果。而漆艺的装饰技法更要丰富神秘，漆艺素有工艺之美、材料之美著称，因为天然漆有很强的包容性，便有了金、银、螺钿等材料的融入，同时也可以运用蛋壳镶嵌、螺钿嵌刻、莳绘、彰髹等漆艺的各种技艺，漆艺的装饰技法有研磨、髹涂、沈金、描画、雕镂、莳绘等各种表现手段。

现代的漆陶器在学习吸收传统陶胎漆器造型、技法的前提下，增加了多种陶艺漆艺技法如、罩、嵌、磨、绘、刻、划、贴、抹、印等工艺，而且运用了多种综合材料，如金、银、螺钿、蛋壳、锡纸等。漆艺的刻漆填金与陶艺的剔花有着如出一辙的技艺方式。由此可见，在传统的漆陶艺术中两种材质相互影响并且共同挖掘各自的潜能。在用陶方面，陶泥的种类多，陶泥的可塑性强，成型的时间比制作烦琐的漆胎快捷的多，陶胎造型上的独特性比漆胎更加灵活快捷。再加上陶艺的烧制方式多，烧制技术相比以前更加成熟，漆陶器的制作更加方便与传统漆器，比传统陶器更加具有表现语言和鲜明当代性。

参考文献

[1] 李强、李伟东、罗宏杰、赵凤燕:《西安汉墓出土漆陶器的科学研究》,《自然杂志》2016年第1期。

[2] 罗阿华:《漆与陶胎》,《中国生漆》2015年第3期。

[3] 王京燕、畅红霞:《关于汉代的陶胎漆器》,《文物世界》2010年第4期。

[4] 包明军:《漆衣陶器浅谈》,《华夏考古》2005年第1期。

北京大葆台汉墓出土铜镜

韩姗姗

镜子是我们日常常见的生活用品，同时也是我们生活中不可或缺的一部分。古语有："以铜为镜，可以正衣冠。"在我国古代，铜镜便是古人用来照鉴自己容貌的生活用具。

铜镜从战国时期开始较为广泛的使用，两汉时期，国家的经济和文化都达到了前所未有的高度。当时陶瓷业的进步和漆器的发展，虽然代替了青铜器皿在人们日常生活中的地位，但制铜工艺并没有衰退，而是转向了制造铜镜等方面。因此，两汉时期铜镜的铸制业获得了重大发展，出现了新的高潮。

从两汉时期铜镜的主要特征来看，这一时期的铜镜变得较为厚重，纹饰造型复杂；在构图形态上出现了以四乳丁为基点组织的四分法布局形式；纹样上主纹突出，地纹逐渐消失，纹饰风格厚重、绮丽、严谨，给人极强的存在感。两汉时期铜镜的装饰纹样多讲求对称和连续，主要有草叶纹、星云纹、乳丁纹、动物纹、规矩纹及铭文等。

在北京大葆台汉墓，便出土有星云纹铜镜（图一）和四乳四虺纹铜镜（图二）。

图一　星云纹铜镜

图二　四乳四虺纹铜镜

　　星云纹铜镜，直径15.5厘米，出土于一号墓。铜镜呈圆形，连峰式纽，十六个内向连弧缘，纽座环绕四个圆锥形乳和弧形草叶，围以十六个内向小连弧，外为四乳草叶，间四组星云纹。

　　四乳四虺纹铜镜，直径19厘米，同样是出土于一号墓。该镜圆形，圆纽，并蒂联珠纹纽座，凸圈外围两周栉齿纹之间，四乳与四虺相见环绕，钩形四虺两侧饰以鹿、兔、龙、虎、凤和鸟等纹饰，素平缘。

　　虺纹是出现于商代中晚期、盛行于春秋战国时期的玉器纹样之一，也曾出现在青铜器装饰上。在北京大葆台汉墓出土的这一面铜镜上，四只无角无腿的长蛇形动物呈"S"形与四枚乳丁环绕铜镜一圈形成纹饰。而这种形似蛇的动物，正是古代传说中的一种毒蛇，虺。

　　南朝时期的《述异记》中有："虺五百年化为蛟，蛟千年化为龙，龙五百年为角龙，千年为应龙"的说法，可以说是古人认为的"龙的幼年期"。龙作为我们国家一种非常传统和常见的神话动物形象，其特征之一便是"项似蛇"，这样侧面证明了龙和外形更接近蛇类动物的虺之间，是存在着某种关系的。

　　《述异记》中所记载的虺生活在水中，而在我国传统的神话传说，龙也常常和水分不开。《庄子》中提到："千金之珠，必在九重之渊而骊龙颔下。"《述异记》也有记载："凡有龙珠，龙所吐者……越人谚云：'种千亩木奴，不如一龙珠。'"上述说法讲了两个意思：一是龙珠常藏在龙的口腔之中，适当的时候，龙会把它吐出来；二是龙珠的价值很高，用民谚来说，就是得一颗龙珠，胜过种一千亩柑橘。

　　龙与宝珠，似乎是分不开的一对组合，那么在这面四乳四虺纹的铜镜上，与四条水虺一同出现的四枚乳丁，也许便是代表着某种与"龙珠"类似的东西。

　　有专家认为："（蟠虺纹）是与蟠螭纹相似，但图案稍简化而龙体更鲜明的（龙）纹饰。"而实际上，星云纹也被认为和蟠螭纹之间有着千丝万缕的联系。

　　星云纹镜最早的著录见于北宋王黼的《博古图录》。在《博古图录》卷第二十九中的"枚乳门"中著录了两面星云纹镜，分别称为百乳鉴和素鉴，不少著作沿用，有的连称为星云百乳鉴。其星云纹的得名是"因其形状似天文星象，故有星云之名"。

　　星云纹镜出土分布广泛。从目前已经公开发表的资料来看，全国大部分省份都有出土，总数达到百面以上。星云纹镜不仅分布广，而且流行年代也较其他纹饰的铜镜确定。以《长安汉镜》著录的16面出土铜镜为例，除1面为西汉早期（武帝时期）外，其余均为西汉中期。正因为其出土的普遍性和使用时间的相对确定性，星云纹镜已经成为西汉墓断代的一个重要标尺。

　　同汉代早中期其他新出现的铜镜纹饰一样，星云纹的出现同样让人感觉耳目一新。但从纹饰演变的角度来看，星云纹镜却与草叶纹镜、连弧铭文镜等不同，并非全新的设计。从图案的形成特点分析，越来越多的出土实物都支持星云纹由蟠螭纹渐次演变而成的观点。《长安汉镜》中著录有两面螭龙纹镜，其连峰纽，龙身上突起的许多小乳丁，龙躯体呈"S"形，这些都与星云纹镜有着一定的相似之处。

从蟠螭纹到星云纹，不仅在图案上有相似，在内涵上也有相通之处。蟠螭或者螭龙都是龙的一种，龙本身与天文星象有着密切的联系，四象之一的东宫就为苍龙宿。在古人心目中"天垂象，见吉凶，圣人象之"，天象的变化与吉凶祸福之间是有着关联的。因此不管蟠螭纹还是星云纹，都包含有佑福祈祥的意味。

参考文献

[1] 田英：《汉代铜镜纹饰的分类》，《文物天地》2016年第2期。

[2] 王峰：《浅谈汉代铜镜》，《大众文艺》2013年第8期。

[3] 徐征：《略论西汉星云纹镜》，《四川教育学院学报》2009年第4期。

汉代的坐具与坐姿

陈海霖

我国自远古时起，就有席地而坐的习俗，这与当时居住空间狭窄有关，席坐可以有效地利用空间，缓解居室的局促感。在汉代，受席地而坐生活方式的制约，与之相配套的是低家具，其中坐具有席、枰、榻、床。现在除了考古发掘出土的实物以外，在汉代画像石、画像砖以及壁画中也多有体现。

一　汉代的坐具

（一）席

在新石器时代就已经发明了席，一些陶器制作过程中在器底留有席子的印痕。席发明以后，长期作为坐具，沿用经久不衰，所以汉语中至今仍把座位称为"席位"，英语中Chairman对应的是"主席"一词。

在汉代，从帝王到平民，坐卧起居都用席。席一般是利用植物的茎、皮、叶来制成，多用草席，如蔺席、莞席。蔺即鸢尾科的马蔺，又名马兰，莞即香蒲科的香蒲。它们的叶子狭长且具韧性，可用来制席，莞席又称为蒲席，蔺席较蒲席廉价。湖南长沙马王堆1号汉墓中出土两条保存较好的蒲席，以麻线束为经，蒲草为纬，织法与现代草席相似。一条包青绢缘，一条包锦绢缘。竹子制成的席名簟，簟的编法与蒲席不同，是接近矩形的人字纹，湖南长沙马王堆1号汉墓与宁夏银川平吉堡西汉墓中所出人字纹编法的竹席应是簟。竹簟性凉，多在夏日使用；莞席性温，多在冬日使用，故张纯赋席云："席以冬设，簟为夏施。"

席一般呈方形或长方形，大小不一，可数人共坐同席，长者、尊者通常专席而坐。如东汉时期的尚书令、御史中丞、司隶校尉在上朝时就是专席而坐，号为"三独坐"。地位尊者，还有多席叠加而坐的情形。东汉光武帝时，有一次正旦朝贺，百官毕会，光武帝刘秀诏令群臣解说经书，互相辩论，理屈词穷者就让出坐席，结果，儒学名家戴凭获得坐席达五十余，京师为之语曰："解经不穷戴侍中。"

如多人同坐一席，长者、尊者则坐在席的首端，而且同席的人还要尊卑相当。后来随着床、榻等的广泛使用，席逐渐成为其附属物。

（二）枰

汉代的小坐具枰，比较矮，平面呈方形，四周不起沿。一般为木制，也有石制。枰上只可坐一人，河北望都1号汉墓壁画中有一人独坐板枰的画像（图一）。

1975年，北京大葆台汉墓二号墓发掘中，在墓室的前室出土一件石案（图二），花斑石，正方形，长、宽均为78厘米。据笔者观察，此石案应不是摆放食具的食案，而是坐具——枰。汉代的案与枰二者大小相似，形状相近，主要区别在于足的形状，食案之足接近细圆柱形；而枰足的截面呈矩尺形，足间呈壶门形，比食案更能承受重量。虽然，北京大葆台汉墓二号墓出土的石案没有足，无法依据足的形态来判断是案，还是枰？但在其东侧出土一件铜虎镇为判断提供了线索。这件铜虎镇是圆座上铸一侧首屈肢盘卧之猛虎，虎作张嘴瞪目之状。底座有一方孔，高5.5厘米，底座直径8.5厘米。汉代的坐具枰、榻、床上均应铺席，为了避免起身落座时折卷席角，在四隅置镇。该墓中未出土席，或因其是有机质难以保存，但这件铜虎镇说明此石案应是坐具枰。河北定县40号汉墓出土一件类似的石枰，方形，装有铜足，四角各放一错银镶松石铜羊。所以北京大葆台汉墓二号墓出土的这件石案应该也是石枰。

图一　河北望都1号汉墓壁画　　　　图二　北京大葆台汉墓二号墓出土石案

（三）榻

榻，比枰大一些的坐具。服虔《通俗文》："床三尺五曰榻，板独坐曰枰，八尺曰床。"折合今制，榻约长84厘米，床约长192厘米。河南郏县出土一件西汉石榻，有"汉故博士常山大傅王君坐榻"刻铭，长87.5厘米，与汉尺"三尺五"相近。榻也是一人独坐为尊，也有两人合坐的，河南灵宝张湾汉墓就出土一件两人对坐于榻上作博戏的绿釉俑。

（四）床

床原是卧具，发展到汉代兼作坐具和卧具，比枰、榻都大，一般为木制，也有石制。在汉代，床是陈于堂上显著位置的家具，尊者应坐床，这与后世在寝室中摆放的眠床不同。大床常在一侧设屏，背后设扆，合称"屏扆"。山东安丘汉画像石墓中就有此形象。河北望都2号汉墓出土一件石床，床的形制与山东安丘画像石墓上的带屏大床的形制完全相同。

床也用于寝息，起床后要把寝席卷起，另铺上坐席。东汉开国皇帝刘秀与同窗严光就有一段同床而眠的经历，刘秀登基后想请严光辅佐自己，得知严光隐姓埋名，藏身乡野，就派人四处寻找，后来齐地有人报告，看到一个疑似严光的男子披着羊裘，在水边钓鱼。刘秀立即派人请严光来，到他居住的馆舍中，刘秀提出请他辅佐自己的事，严光拒绝到：人各有志，何必勉强。过了几天，刘秀又请严光进宫叙旧，晚上留严光在宫中，两人同床而眠，严光故意把脚放在刘秀肚子上，刘秀也不介意，但最终严光也没有答应刘秀出山的事情，隐居于富春山（今浙江桐庐），直至八十寿终正寝。

二　汉代的坐姿及所反映的礼俗

家具是适应人们起居方式而制作的，同时也影响着人们的起居方式。汉代的坐姿与现代大不相同，是双膝并拢，双足在后，臀部坐在脚跟上。林沄先生称这种坐姿为"跪坐式"，并认为这种坐姿在文字产生之前就已存在，原始汉字"饗"的结构就是两个人对坐而中间有食器，就是采用跪坐式[①]。西周以降，礼制逐渐完备，各种社会活动均加以规范，无不有礼制可循。这种"跪坐式"的坐姿被认为是合礼仪的，这是因为当时人们不穿合裆裤，这种坐姿可以周密地遮蔽下体。

"跪坐式"坐的时间久了，会感到不舒适，产生如韩非子所说的"腓痛，足痹，转筋"等现象，所以在非正式场合，人们会采取随便一些的坐姿，箕踞是一种。《韩诗外传》卷九中记载一个故事：孟子的妻子，一个人在屋里，双腿伸展而坐，孟子进屋看到妻子这种坐姿，十分不满，于是跟母亲说要休妻，而孟母却认为是孟子进门没有打招呼，致使妻子没有准备，实为孟子无礼。孟子妻子的这种坐姿应该就是箕踞。箕踞有两种解释，一种是臀部坐在席榻上，曲双膝，双膝不并拢，劈开大腿。一种是臀部坐在席榻上，平伸开双腿。《礼记·曲礼》云："立勿跛，坐勿箕"，所以箕踞虽然舒适，但不合礼仪，只能用于非正式场合。

---

① 林沄：《古人的坐姿与坐具》，《中国典籍与文化》1993年第1期。

因床、榻等坐具离地面有一定高度，臀部坐在床、榻的边上，双腿垂下，如后世坐凳子、椅子一样，也是一种较为舒适的坐姿。《史记·高祖本纪》中记载郦食其求见沛公，"沛公方踞床使两女子洗足"，这里的"踞"应该就是坐在床边，双足垂下的坐姿。非正式

图三　河南唐河针织厂出土汉画像石

场合才能垂足而坐，所以郦食其入而不拜，指责其沛公这种坐姿是不尊重长者。沛公意识到自己的失礼后，立刻停止了洗脚，穿整齐衣裳，把郦食其请到了上宾的座位，并且向他道歉。汉代画像石上就有垂足坐于凭几上的画像（图三）。

后来，胡床传入中原地区，它的坐法与传统的席地而坐完全不同，是臀部坐在胡床之上，两腿向前下垂，双脚踏地，与现在的坐姿相同。所以，胡床被认定是最早的高型家具，它的使用和传播逐渐影响、改变了人们席地而坐和使用低型家具的习惯。垂足而坐也逐渐被接受和认同，到唐宋时期，取代了席地而坐的习惯，成为主要坐姿。

参考文献

[1] 大葆台汉墓发掘组、中国社会科学院考古研究所编：《北京大葆台汉墓》，文物出版社，1989年。

[2] 北京市大葆台西汉墓博物馆编：《大葆台汉墓文物》，文物出版社，2015年。

[3] 孙机：《汉代物质文化资料图说》，上海古籍出版社，2008年。

[4] 林沄：《古人的坐姿与坐具》，《中国典籍与文化》1993年第1期。

说枕

——从北京大葆台汉墓出土铜龙头枕说起

陈海霖

1974年，北京大葆台汉墓一号墓在发掘中，于后室北侧内椁底板上出土一件铜龙头，为枕一端构件，另一端缺失。龙头鎏金，作嘴吐舌蹲坐状，用圆水晶作眼睛，青玉作牙、舌和双角[①]。枕身推断为木质的，已朽。

枕，是人们日常生活中所使用的寝具之一，睡觉时垫在头下。许慎《说文解字·木部》云："枕，卧所以荐首者，从木，冘声。"《释名》云："枕，检也，所以检项也。"其字从"木"，反映了古人最早使用的应该是木质的枕。根据文献记载，至迟到商代时就已经使用枕。《拾遗记》卷七："汉诛梁冀，得一玉虎头枕，云单池国所献。检其额下，有篆书字，云是帝辛之枕，尝与妲己同枕之。是殷时遗宝也"，说的是殷纣王有一件"玉虎枕"。

考古发现，战国秦汉时期的墓葬中出土有枕，有的是随葬品，有的是枕尸之具。从出土情况看，枕的质料多样，有竹、木、玉、石、铜、纺织品等多种质料，其中以复合胎质居多，如玉与铜、木合制的枕。汉代诸侯王、列侯墓葬中出土一定数量的枕，形式种类多样，本文试对这些枕进行分析和探讨。

一　汉代王侯墓葬用枕

汉代王侯级高等级墓葬中出土的枕，形式种类多样，根据质料和制造工艺可以分为：玉枕、镶玉铜枕、漆枕、纺织品为囊的枕等。

（一）玉枕

玉枕有以玉片拼合而成的，有整块玉石雕琢而成的。

---

① 大葆台汉墓发掘组、中国社会科学院考古研究所编：《北京大葆台汉墓》，文物出版社，1989年。

1.几状玉枕

江苏徐州狮子山楚王墓出土3件这种玉枕,其中"食官监"陪葬墓出土的玉枕保存较好[①]。这种枕整体呈几状,有木板制作的木芯,玉片以榫卯方式与之结合,或直接黏在其上,枕两端有兽头饰。山东长清县双乳山汉墓也出土一件形制大致相同的玉枕,该枕由核心木板、玉顶板、玉底板、玉边板、玉兽头和玉枕足等18块玉构件组成[②]。

2.玉雕玉枕

河北定州中山简王刘焉墓中出土一件整块玉雕凿而成的枕[③],枕两端呈拱形,中间下凹呈弧形,正视呈"凹"字形,侧视呈弧面梯形。玉质为灰绿色,表面光润,枕面和侧面饰阴刻变形云纹。

3.盒形玉枕

江苏徐州火山刘和墓出土一件长方形盒形玉枕[④],据墓葬形制及随葬品推测刘和为楚王刘氏家族成员。枕顶面及前后两侧面各镶贴三组玉片,并用长条形金箔贴在玉片上组成菱形及三角形图案,周边以金箔包边。枕顶正中的一块玉片未用金箔装饰,抛光平滑。

(二)镶玉铜枕

1.联体式

河北满城汉墓1号、2号墓中都出土一件镶玉铜枕[⑤],长方形铜质枕身,两端为高昂的龙头,枕身鎏金,并镶嵌玉片。枕中有花椒。2号墓铜枕上残留纺织物的腐层,推测枕上原有一件绣花枕套。江苏徐州后楼山汉墓也出土一件联体式的镶玉铜枕,由木芯、鎏金铜构件、玉片、金箔等组成。枕中间是长方形的木芯,紧贴木芯外是铜构件,并饰有玉片,底面出四个龙形铜器足和底座组成。

2.分体式

北京大葆台汉墓出土的铜龙头枕就属于分体式的镶玉铜枕[⑥],但只出土了一件铜龙头,为枕的一端构件,龙头鎏金,圆水晶作眼睛,青玉作双角、舌和牙,枕身推测应该是木质的,已朽。江苏徐州拖龙山汉墓也出土两个铜龙头[⑦],与北京大葆台汉墓的相似,应该为枕的两端,木质枕身已朽。

① 韦正、李虎仁、邹厚本:《江苏徐州狮子山西汉墓的发掘与收获》,《考古》1998年第8期。
② 山东大学考古系、山东省文物局、长清县文化局:《山东长清县双乳山一号汉墓发掘简报》,《考古》1997年第3期。
③ 河北省文化局文物工作队:《河北定县北庄汉墓发掘报告》,《考古学报》1964年第2期。
④ 中国国家博物馆、徐州博物馆:《大汉楚王——徐州西汉楚王陵墓文物辑萃》,中国社会科学出版社,2005年。
⑤ 中国社会科学院考古研究所、河北省文物管理处:《满城汉墓发掘报告》,文物出版社,1980年。
⑥ 大葆台汉墓发掘组、中国社会科学院考古研究所编:《北京大葆台汉墓》,文物出版社,1989年。
⑦ 徐州博物馆:《徐州拖龙山五座西汉墓发掘简报》,《考古学报》2010年第1期。

（三）漆枕

湖南长沙陡壁山曹嫘墓出土一件漆枕，但报告中无文字说明，从线图看，枕上饰有纹饰，枕中部似有一个圆孔。

（四）纺织品枕

广州南越王墓于玉衣头罩下出土一件丝囊珍珠枕，丝囊已朽，从残留的遗痕看，长约30厘米，宽约10厘米，枕内填充珍珠，珍珠直径1～3毫米，个别直径4毫米。长沙马王堆1号汉墓出土一件绢地信期绣枕，枕呈长方形，内填充佩兰叶。

二　枕中之物

枕作为人们日常生活的贴身之物，有时会用来藏匿重要物品，有一种枕中空，名曰"通中"，就可以用来藏东西。《汉书·刘向传》载："上（宣帝）复兴神仙方术之事，而淮南有枕中鸿宝苑秘书。"颜师古注："鸿宝苑秘书，并道术篇名。藏在枕中，言常存录之不漏泄也。"说的就是淮南王将鸿宝苑秘书藏于枕中。《越绝书》载："以丹书帛，置之枕中，以为国宝。"这就是所谓的枕中书，这种书不是一般的书籍，是秘密的、珍贵的。从目前考古发现的汉代王侯墓葬出土枕看，枕中并未发现装有书籍，但发现有的装有天然香料。如河北满城刘胜墓及其妻窦绾墓出土的铜玉枕，出土时枕内装有花椒。湖南长沙马王堆1号墓出土的绢地信期绣枕，枕内填塞佩兰叶。

花椒可以作为香料使用，西汉长安城未央宫有椒房殿，《汉书·车千秋传》颜师古注："椒房，殿名，皇后所居也。以椒和泥涂墙，取其温而芳也。"其中"椒"就是指花椒，使用目的是取其芬芳。佩兰也是天然香料，二者有着强烈的香气，又均可入药，将它们装入枕中既有芳香之气，又有"药枕"的功效。

三　汉代王侯墓出土枕的功能

从目前考古发掘情况来看，汉代王侯一级的墓葬中出土有一定数量的枕，表明在汉代诸侯王、列侯的葬仪中，丧葬用枕已经成为一种定制。《周礼·天官·玉府》："大丧共含玉，复衣裳。角枕，角栖。"郑注："角枕以枕尸。"《仪礼·士丧礼》："士举迁尸，反位，设床策于两楹之间，衽如初，有枕"，可见，至少到两周时期，丧葬用枕已经成为一种定制。

其中玉枕和镶玉铜枕可能与"葬玉"有关，出土这两种枕的汉代王侯墓葬还出土玉衣或玉覆面、玉含、玉握等葬玉，河北满城汉墓和江苏徐州狮子山楚王墓还出土镶玉漆棺。夏鼐先生认为："所谓'葬玉'，是指那些专门为保存尸体而制造的随葬玉器，而不是泛称一切埋在墓中的玉器。后者是随葬物，但不算作葬玉。葬玉一名'保存（尸体）玉'，在汉墓中颇普遍，主要是四种：玉衣、玉塞、玉含（多作蝉形）和玉握（作璜形或豚形）。"卢兆荫先生认为："汉代的葬玉主要有玉衣、玉九窍塞、玉玲、玉握、玉覆面以及镶玉漆棺等。"石荣传先生认为："两汉墓中出土的葬玉包括以下五类：玉衣、玉枕、玉握、玉九窍塞、玉璧。"汉代人们认为玉有保存尸体长期不朽的作用，从而实现永生之梦。玉枕枕于墓主人头颅之下，属于贴身之物，应该具有这种功能。这些玉枕、镶玉铜枕是墓主人生前实用之物，还是专门制作的丧葬用品，还需要具体分析。如山东长清双乳山汉墓出土的玉枕与玉覆面，从玉的质地和颜色看，基本相同，应该是一套玉殓具。

北京大葆台汉墓出土的铜龙头枕，只保存枕一端的铜龙头，与其相似的江苏徐州拖龙山西汉墓出土铜龙头枕也只保存两端铜龙头，木质枕身已朽。但山西阳高城堡汉墓12号墓出土类似的龙头枕，保存较好，还同出一件漆面罩，应是温明。《汉书·霍光传》颜师古注引服虔曰："东园处此器，形如方漆桶，开一面，漆画之，以镜置其中，以悬尸上，大殓并盖之。"温明与枕是配合使用的，温明的两侧有马蹄形孔，正好卡在枕上，露出枕两端的龙头，二者的装饰风格也相似，都镶嵌有玉片和琉璃片，应该是一套为墓主人专门制作的殓具。所以北京大葆台汉墓出土的这件铜龙头枕应该也是专门制作的殓具（图一）。

汉代诸侯王、列侯墓出土的枕，形式种类多样，特别是其中的玉枕、镶玉铜枕，

图一　北京大葆台汉墓出土铜龙头枕

造型生动，做工精巧。这些枕多数是枕于墓主人头颈下，有的是生前使用的实物，有的是专门制作的殓具，在一定程度上反映了当时的丧葬制度。

参考文献

[1] 大葆台汉墓发掘组、中国社会科学院考古研究所编：《北京大葆台汉墓》，文物出版社，1989年。

[2] 中国国家博物馆、徐州博物馆：《大汉楚王——徐州西汉楚王陵墓文物辑萃》，中国社会科学出版社，2005年。

[3] 中国社会科学院考古研究所、河北省文物管理处：《满城汉墓发掘报告》，文物出版社，1980年。

[4] 北京市大葆台西汉墓博物馆编：《大葆台汉墓文物》，文物出版社，2015年。

[5] 韦正、李虎仁、邹厚本：《江苏徐州狮子山西汉墓的发掘与收获》，《考古》1998年第8期。

[6] 山东大学考古系、山东省文物局、长清县文化局：《山东长清县双乳山一号汉墓发掘简报》，《考古》1997年第3期。

[7] 河北省文化局文物工作队：《河北定县北庄汉墓发掘报告》，《考古学报》1964年第2期。

[8] 徐州博物馆：《徐州拖龙山五座西汉墓发掘简报》，《考古学报》2010年第1期。

也说北京大葆台汉墓出土竹简

陈海霖

北京大葆台汉墓一号墓西面题凑北段，出土有一枚竹简。据发掘报告记述，"内中有一根黄肠木上，覆置长条竹简1枚，上墨书汉隶'樵中格吴子运'6字。简长20.5厘米，宽0.7厘米，厚仅0.1厘米"（图一）。关于"樵中格吴子运"6字的释读，也有学者认为最后一字应该释读为"孟"。对于"樵中格"，学者有着不同的观点。侯旭东先生认为"'格'与'村落'相当"，"'樵中格'则是一聚落名称，相当于后来的'樵中村'"[1]，陆德富先生也著文同意这一观点。与此相对，王子今先生则认为"'樵中格'可能是检验'黄肠'尺寸规格是否符合要求的记录"[2]。

一 "格"通"落"

侯旭东先生引《史记·酷吏列传》"置伯格长以牧司奸盗贼"，裴骃《集解》引徐广曰"一作'落'。古'村落'字亦作'格'。街陌屯落皆设督长也。"认为"'格'与'村落'相当，乃汉代的一种聚落称呼"，王引之注《淮南子》说："格读为落，谓夏行冬令则草木零落也。格字从木各声，古读如各，格与落声相近，格字相通。"王子今先生对此则以为"仍嫌论据不够充分"。

徐广认为"格"作"落"，王引之认为"格"读为"落"。都只言其然，未言其所以然。

唐作藩先生《上古音手册》对上古音的进行拟音，"落"

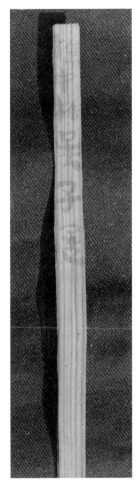

图一 北京大葆台汉墓出土竹简

---

① 侯旭东：《北京大葆台汉墓竹简释义——汉代聚落自名的新证据》，《中国历史文物》2009年第5期。
② 王子今：《大葆台汉墓竹简"樵中格"的理解与"汉代聚落自名"问题》，《中国国家博物馆馆刊》2011年第10期。

是来母铎部入声，"格"是见母铎部入声。格、落两字虽叠韵，但见母是牙音，来母是半舌音，相差较远①。而根据19世纪70年代提出的复辅音假说，可能会更好地解释这个问题。《广韵》中的又音现象，如角：古岳切，又卢谷切。纶：古顽切，又力迍切。鬲：古核切，又郎击切。《史记》中"炮烙"，《汉书》中作"炮格"。联绵字中骷髅、窟窿。以上似乎都暗示着一组kl-复辅音声母的存在。郑张尚芳在《上古音系》一书中"格"拟音为g·raag，"落"拟音为kraag，两音除声母清浊不同外其他完全相同，在古文献中旁纽双声的两字相通极为常见②。《汉书》卷九《酷吏传》"置伯落长以收司奸"，改"格"作"落"，确实证明两字互通。林焘先生在他的《音韵学概要》中说："两汉是复辅音声母消失的阶段。从战国到西汉早期的简牍帛书中还可以见到较多的复辅音迹象，西汉中期以后显著减少，到东汉就只剩下些残迹了。"③这也说明了汉代以后，"格""落"不再相通的原因。

二　"伯落长"释义

《汉书》卷九《酷吏传》"置伯落长以收司奸"。颜师古注："伯亦长帅之称也。置伯及邑落之长，以收捕司察奸人也。"颜师古认为设置的是"伯"和"落长"。《汉书》卷二四上《食货志上》："及秦孝公用商君，坏井田，开仟伯，急耕战之赏……倾邻国而雄诸侯。"颜师古注："仟伯，田间之道也。南北曰仟，东西曰伯。伯音莫白反。"可知班固作《汉书》，会把"阡陌"之"陌"写作"伯"。所以笔者认为"伯落长"则应释为"陌落长"。

侯旭东先生引"《嵩山太室神道石阙铭》题名'阳翟平陵亭部阳陵格王孟功□车卿'"，进而论证说"'阳陵格'之前是'阳翟平陵亭部'，'阳翟'为颍川郡属县，'平陵亭部'应表示该县内更具体的方位……'阳陵格'指代的是该亭部范围内一个更小的地点。"笔者同意这种观点。另外，在一些买地券中在亭部后经常出现某某陌（佰），如建宁二年王未卿买地铅券"睾门亭部什三陌"、建宁四年孙成买地铅券"广德亭部罗陌"、光和元年曹仲成买地铅券"长毂亭部马领佰"。同样出现在亭部的后面，《汉书·匡衡传》中有"平陵陌"，和《嵩山太室神道石阙铭》题名中的"阳陵格"名称类似。由此推测"落（格）"应该同"陌（伯）"一样，指的是亭部下面的具体自名地点。"伯落长"就是"伯长"和"落长"，是"伯"和"落"的长官，就类似文献中所说的"郡国二千石"，分别指的是郡和国的二千石，也就是郡守

---

① 唐作藩：《上古音手册》，江苏人民出版社，1982年。
② 郑张尚芳：《上古音系》，上海教育出版社，2013年。
③ 林焘、耿振生：《音韵学概要》，商务印书馆，2004年。

和诸侯相。

为什么"伯长"和"落长"不见于任何文献和考古材料呢？回到《汉书》卷九《酷吏传》，作为中尉的王温舒特别设置了"伯长"和"落长""以收司奸"，"伯长"和"落长"不是汉朝政府的正式官职，所以"伯长"和"落长"不见于任何文献和考古材料。

既然同是亭部下面的自名地点"陌（伯）"与"落（格）"，两者又有什么区别呢？这里做个大胆的推测："陌（伯）"，也就是阡陌，指的是田间道路，一般应在平原地区开决。而北京大葆台汉墓出土竹简上的"樵中格"，令人联想到了采樵的山地，天水放马滩出土地图上则有"山格"，山中难以开决阡陌作为道路，或许同一亭部或不同亭部，处于平原有阡陌地区的自名地点称之为"陌（伯）"，处于山地无阡陌地区的自名地点则称之为"落（格）"。

三 王子今先生"樵中格"为检验规格记录说

王子今先生认为"'樵'字虽有柴薪及采取柴薪之义，其字本义却是'散木'。《说文·木部》'樵，散木也。'"并认为"中格"是达到标准的意思。而《说文·肉部》中说："散，杂肉也。"既然说"樵"是"散木"，北京大葆台汉墓"黄肠"乃是成年侧柏树心所制成，怎么能称得上是"散木"呢？规格整齐划一的"黄肠"怎么能称得上是"杂"呢？"散木"一词也见于先秦文献，《庄子·内篇·人间世》："已矣，勿言之矣！散木也，以为舟则沈，以为棺椁则速腐，以为器则速毁。"这种不成材的散木"为棺椁则速腐"，说"散木""中格"，则稍显前后矛盾。

若北京大葆台汉墓出土的"樵中格吴子运"竹简为检验"黄肠"规格的记录，《后汉书·光武十王列传》："发常山、巨鹿、涿郡柏黄肠杂木，三郡不能备，复调余州郡工徒及送致者数千人。"纵然北京大葆台汉墓一号墓中如果还有其他竹简可能会"碎折、腐坏或者焚毁"，但是数千人的大工程，何以到最后北京大葆台汉墓一号墓中只发现一枚检验"黄肠"规格的竹简。再者，其他"黄肠题凑"中也从未曾有发现过类似检验记录。如真是需要物勒工名，可以像汉代墓葬中的墓道塞石一样，直接把工匠名书于"黄肠"之上，又何需用一枚竹简。

所以关于北京大葆台汉墓一号墓出土竹简的性质，笔者同意侯旭东先生的观点，认为该竹简是黄肠题凑的工匠居住地的名册，之后被偶然遗落在"黄肠题凑"之中的。

参考文献

[1] 唐作藩:《上古音手册》,江苏人民出版社,1982年。

[2] 郑张尚芳:《上古音系》,上海教育出版社,2013年。

[3] 林焘、耿振生:《音韵学概要》,商务印书馆,2004年。

[4] 北京市大葆台西汉墓博物馆编:《大葆台汉墓文物》,文物出版社,2015年。

[5] 侯旭东:《北京大葆台汉墓竹简释义——汉代聚落自名的新证据》,《中国历史文物》2009年第5期。

[6] 王子今:《大葆台汉墓竹简"樵中格"的理解与"汉代聚落自名"问题》,《中国国家博物馆馆刊》2011年第10期。

第二章　衣冠服饰

汉代佩韘史话
——以北京大葆台汉墓出土龙凤纹韘形佩为例

马立伟

关于韘形佩的最早记载是在《诗经》里——《诗经·卫风·芄兰》有云："芄兰之叶，童子佩韘。虽则佩韘，能不我甲。"后宋代诗人苏颂在《次韵致政华殿丞怀旧见寄》里也有"佩韘相从四纪前，鲤庭论契荷忘年"的诗句。这里提到的"佩韘"是自先秦至明清时期在贵族中较为流行的一种社会风尚。

一 何谓"佩韘"

（一）"韘"字的释义

"韘"字读作"shè"，东汉许慎的《说文解字》曰："韘，决也，所以拘弦。以象骨、韦系著右巨指。从韦枼声。"意思是指射箭时用来勾弦、扣住弓弦射杀猎物的工具。由于我国传统的扣弦开弓法是射箭的人将"韘"置于右手拇指上，然后用拇指拉开弓弦射箭，其目的是防止射箭时伤及手指或肌肉和软组织，同时也是为避免弓箭滑脱。从造字本意而言，"韘"字从韦，即皮质，"枼"字意为薄，因此"韘"是"薄的皮质物。因拇指套入硬质裸护指后，拇指会随气温高低而产生松紧变化，以软体薄皮质为垫，不仅可以作为热胀冷缩的缓冲，亦可防止手汗滑脱"[1]。而《说文》中所指的"决"字从氵（水）从夬，"夬"字指手中持环状物品，以玉做的夬即是玦。又清人李调元对《礼记·内则》补注："玦，半环也，即今之扳指。"故此说明了其与韘形佩和扳指的密切关系。玉玦文化早在我国史前时期即已出现，其年代最早的可以追溯到内蒙古原敖汉旗宝国吐乡的兴隆洼文化时期，长江下游马家浜文化也出土了玉玦。关于玦的用途，目前学界大多认为是佩戴在耳朵上的装饰物，因其出土位置往往位于在墓葬中死者的头部附近。也有学者认为，玦是在原始宗教中巫师和神灵沟通的信物；还因"玦"在《荀子·大略》中记载通"决"而表示断绝关系之意。

---

[1] 左俊：《古代玉护指的流变——芄兰之叶，童子佩韘》，《大众考古》2018年第10期。

（二）"韘"与"射"

从"射"在的甲骨文、金文、小篆到隶书的演变过程可知，"射"字即指用推力和弹力发出子弹，在冷兵器时代，"射"则指将弓箭发出，即射箭。在清华楚简中，"射"字是"弓+矢+夬"的组合，表明了"射"与"夬"之间存在着会意和象形的关系。大约在战国中期之后，"夬"与"韘"字便开始通用了①。

"射"是儒家思想中的"六艺"之一，而射礼早在商代晚期已经出现，周代则是将其纳入到国家的礼制当中，这主要源于在当时的社会历史条件下田猎、祭祀与军事征战的需要，正所谓"国之大事，在祀与戎"。《礼记·射义》云："射者，进退周还必中礼。内志正，外体直，然后持弓矢审固。持弓矢审固，然后可以言中，此可以观德行矣。"而作为射箭必备的护指工具，韘在射礼中的作用自然不言而喻。无论是大射、燕射，还是宾射、乡射，抑或是田猎时的弋射，射手都需要佩韘。此时的佩韘功能主要是实用器，当然，也有女性专用韘，如河北满城汉墓窦绾墓出土的圆形韘就是王后窦绾所用，这种韘主要是用来装饰。

（三）韘形佩的演变

韘形佩属佩饰，也称心形佩、扳指、指机等，其纹饰在璧形器中雕琢出心形玉佩的纹饰，属于玉璧与心形玉佩的纹饰相结合的产物。目前，我国发现最早的韘形佩是出土于河南安阳殷墟妇好墓的玉韘，这与商朝的这位女将军能征善战、威震方国有关。春秋战国时期，玉韘脱胎为韘形佩，成为一种装饰玉。西汉中期，韘形佩形成比较固定样式，一般在心形主体的两侧雕有透雕的附饰，并以卷云纹为主要纹饰。西汉中期至后期时，韘形佩的心形主体逐渐瘦长，出现了韘、觽相结合的样式。魏晋南北朝到隋唐时期是韘形佩的空白期，从宋朝至明清，受复古思想的影响，韘形佩又重新出现，并兼具骑射、观赏和炫富的功能，更广泛的称谓是"扳指"，而且分为文扳指和武扳指两种。文扳指一般会雕刻较为繁复和文气的纹饰，武扳指则大多为素面纹饰。清朝时，因为女真族是马上游牧民族，历代皇帝都非常注重对八旗子弟的骑射训练，扳指更是必不可少的骑射工具。但是到了清末，许多八旗子弟贪于享乐，不问武功骑射，这时的扳指成为这些纨绔子弟炫富斗势和把玩观赏的资本与玩物。随着冷兵器时代的结束，作为骑射实用型的韘形佩（武扳指）渐渐淡出历史舞台。

从制式方面讲，《诗经》里将韘的形状描绘成芄兰叶子的形状。芄兰是一种兰草名，又名萝藦、女青，是蔓生植物，断之有白汁，嫩者可食，荚实倒垂如锥形。尽管有文学艺术的加工成分，但我们也可以对韘的形状窥见一斑。

---

① 左俊：《古代玉护指的流变——芄兰之叶，童子佩韘》，《大众考古》2018年第10期。

　　韘分为有孔和无孔两种类型，有孔和凹槽的一般是实用器，如河南安阳商代妇好墓出土的玉韘内侧的刻槽就是用来钩弓弦的，由于妇好能征惯战，弦槽上还留有长期钩弦的痕迹。玉韘的外侧有两孔，是用以绑腕绳，这样就可以将玉韘系于腕部，以免射箭时玉韘被弓弦勾脱手。另一种无孔的玉韘基本就是装饰物了。自商代到汉代，韘的形状也从商代的矮斜筒形逐渐演变为春秋晚期、战国早期的斜坡舌状形，韘的高度开始变矮，这与明代坡扳指的样式十分接近。两汉时期，由于社会政治相对稳定，战事减少，玉韘已经成为纯粹的配饰，失去了射箭的功能，这一时期的玉韘制式整体呈扁平状。

二　北京大葆台汉墓出土龙凤纹韘形佩辨析

（一）定名问题

　　北京大葆台汉墓一号墓出土了一件白玉雕成的韘形佩（图一），其形制为双面透雕龙凤纹，龙凤纹之间为心形，其上阴刻变形云纹，在肉和好上的边缘，各刻弦纹一周，刻工十分巧妙，纹样精美考究。"好"指器物中间的孔，"肉"指器物的边。"玉璧中雕出韘形的主体，韘形主体中部的圆孔恰好为璧的'好'，韘形主体外部的透雕也恰好位于边缘的一周外廓内"。《尔雅释器》中说："好倍肉谓之瑗，肉倍好谓之璧。"就是说如果孔远远大于边的玉器称为"瑗"，如果边大孔小的称为"璧"。有关北京大葆台汉墓一号墓出土的这件龙凤纹韘形佩的正名问题，在《北京市大葆台西汉墓发掘报告》中，该件器物被定名为"镂孔龙凤纹璧"，但有考古学家认为："如果将其称为玉璧仅着眼于其次要特点（内外有郭），但忽略其主要特点（韘形），故称之为璧不如称之为韘形玉饰更为贴切。"[1]也有研究者提出这件韘形佩是目前出土的唯一的一件玉璧形的韘形佩，"从形制上观察，可能是韘形佩的变体，或为玉璧改制而成……即韘形主体的形状……为韘、璧结合的韘形佩。"[2]现北京市大葆台西汉墓

图一　北京大葆台汉墓一号墓出土龙凤纹韘形佩

① 杨建芳：《玉韘及韘形玉饰——一种玉器演变的考察》，《中国文物世界》1989年第7期。
② 蒋来希：《两周至汉代韘及韘形佩研究》，山东大学硕士学位论文，2016年。

博物馆根据各方意见，将其定名为"韘形佩"。

（二）等级问题

西汉沿用了秦朝的二十等爵制，汉高祖刘邦在清除异姓王之后，王爵仅皇族才可享有。诸侯王有权利自治其国。但是经过"七国之乱"和汉武帝颁布"推恩令"之后，诸侯国的膨胀势力已经被削弱，所谓"众建诸侯而少其力"。北京大葆台汉墓的出土时间为西汉中晚期，诸侯王的食邑封土已经缩小。汉武帝元狩六年（公元前117年），封皇子刘旦为燕王，设置为燕国，定都蓟，燕国的封邑下辖七个县，包括蓟、广阳、方城、阴乡、良乡、安次、文安。昭帝元凤元年（公元前80年），燕王刘旦反，国废除，改为广阳郡，治蓟，消去后三县，管辖蓟、广阳、方城、阴乡四县。宣帝本始元年（公元前73年），封子刘建为广阳王，改广阳郡为广阳国。

据专家推测，北京大葆台汉墓一号墓的墓主人刘建（公元前73年～前45年在位），死时年约45～55岁，是汉武帝刘彻的孙子，燕刺王刘旦之子。西汉本始元年（公元前73年）五月，汉宣帝封燕刺王刘旦的两个儿子刘庆为新昌侯、刘贤为安定侯，又封故太子刘建为广阳王。刘建在位29年后去世，谥号顷王。到了汉元帝初元四年（公元前45年），刘建死后，汉元帝以"梓宫、便房、黄肠题凑"的"天子之制"为其下葬，因此能够享有如此葬制的诸侯王理所应当地有资格随葬韘形佩，而且这也符合儒家提出的《仪礼·士丧礼》中的"决，用正王棘，若檡棘，组系"的要求及其"君子贵玉"的观念。而汉代其他诸侯王墓如广州西汉南越王墓、河北满城西汉中山靖王刘胜墓、河北西汉定县中山怀王刘修墓和河北东汉定县43号墓中山穆王刘畅墓等，也都随葬出土了韘形佩，这反映出韘形佩是当时汉代诸侯王普遍佩戴的饰物，也是社会身份、等级地位和财富的象征。

（三）功能问题

在北京大葆台汉墓一号墓封土的夯土层里，还随葬出土了三支双翼倒须式和三棱式两种类型的铜镞，且刀锋依然锐利，加之韘形佩的出土，说明刘建生前应有其父刘旦的风采——喜好射箭。据《汉书·武五子传》记载："旦壮大就国，为人辩略，博学经书、杂说，好星历、数术、倡优、射猎之事，招致游士。"又载："旦从相、中尉以下，勒车骑、发民会围，大猎文安县。"由此可知，刘旦好田猎，且为谋逆而大兴武备。正是由于先父的大逆不道，刘建一生都是为人低调，力图与谋反的父亲划清界限，但只要不重蹈其父的覆辙，正常的射猎行为应该不会有大碍，所以这件韘形佩是否为他生前佩戴的也未可知。从功能上看，此佩雕工非常精美且无孔，应该是丧葬玉器。

（四）材质问题

这件韘形佩的材质是新疆和田白玉，玉色呈青白色，直径9.2厘米，厚0.3厘米，出土时已经残碎。这说明在汉武帝时期，自张骞凿空西域、开通"丝绸之路"之后，中原地区与西域地区的交往已经较为频繁，玉器也大量涌入中原地区，甚至一些地名也与玉器的输入相关，如玉门关就是因此而得名。唐代诗人王昌龄在《从军行》中有诗句："青海长云暗雪山，孤城遥望玉门关。"唐代王之涣的《凉州词》中有"黄河远上白云间，一片孤城万仞山。羌笛何须怨杨柳，春风不度玉门关"。所以作为西汉中晚期的诸侯王墓出土和田白玉已是比较普遍。据清人胡培翚在《仪礼正义》中所言，韘的材质"生时用象骨为之"，死时用王棘或梓棘。而根据出土文物的考古资料来看，韘作为明器大多为玉质，这一方面与玉器比较容易长久保存，不像皮革类的材质容易腐烂有关，另一方面也与玉文化有关。我国的玉文化早在新时期早期即已出现，而从造字本意来看，"玉"字是由"王者抱玉"组成的，这就与统治阶级的社会地位与权贵身份相关联，而商周时期盛行的"润泽以温""瑕不掩瑜""君子无故、玉不去身"等玉的特征，将玉与伦理道德联系起来，加之古人观念中的以玉敛葬，可保尸身不腐，所以到汉代时葬玉成为非常普遍的现象。

（五）出土位置问题

北京大葆台汉墓一号墓出土的韘形佩位于后室（棺室）北面内椁的底板上。从汉墓出土的位置来看，韘形佩大多出土在墓主人的头部、手部、腹部、腰部和后背[1]，如南越王墓棺室和河北定县40号墓。由于北京大葆台汉墓一号墓被盗墓者扰乱并移动过位置，所以很难判断其原始位置的所在，但应该出土于棺内。

（六）技艺和纹饰问题

这件韘形佩的雕工技艺采用了双面透雕的方法。透雕是在浮雕的基础上，镂空其背景部分进行雕刻。具体工艺流程是：先将图案画在棉纸上，再贴在木板上，然后在每组图案的空白处打一个孔，将钢锯丝穿入，往复拉动钢锯线，沿图案的轮廓将空白处的木料"锼"走，叫"皱活"。由于"锼"活要一次"锼"几块，所以能保证图案完全相同。图案的设计和工匠技艺的高低，决定了透雕工艺质量的优劣。锼好的半成品交给专门的匠师进行细部刻画。一般是按照纹样的黑白和起伏，只对"看面"进行精细的雕刻工艺加工[2]。这充分表明，在2000多年前的西汉时期，我国工匠已经掌握了透雕技术。其高超的技艺和聪明智慧令人叹为观止！

---

① 蒋来希：《两周至汉代韘及韘形佩研究》，山东大学硕士学位论文，2016年。

② 参考百度百科资料。

这件韘形佩的纹饰是龙凤纹和云纹，这也是对周朝纹饰的继承和发展，龙和凤鸟都是古代的瑞兽和吉祥鸟，寓意羽化升天。关于龙凤纹有一个美丽的传说：相传楚霸王项羽与虞姬相爱，两人海誓山盟，永结同心之好。公元前209年，陈胜、吴广在大泽乡起义，项羽随叔父项梁在江南起兵反秦，直捣秦都咸阳，后来分封各路义军领袖共二十四侯王。公元前206年，项羽自立"西楚霸王"，定都彭城（今江苏徐州），并命能工巧匠雕琢一对龙凤韘形佩作为给虞姬的爱情信物，正式迎娶虞姬为妻子，项羽乌江自刎、霸王别姬后，人们为纪念项羽和虞姬忠贞不渝的爱情，便将龙凤韘形佩赋予夫妻恩爱的美好寓意，而韘形佩也在汉代民间流传开来。

无独有偶，除北京大葆台汉墓出土的龙凤纹韘形佩外，在我国其他地区的不少汉代诸侯王墓也都出土了龙凤纹韘形佩，如江苏徐州北洞山楚王墓出土龙凤纹韘形佩，长7.1厘米，宽4.5厘米，正面和背面分别圆雕一龙一凤，龙的鼻子、眼睛凸起，昂首似引颈嘶鸣；龙首的另一面为凤首，凤冠凸起，凤喙内勾，作回首展望状。一块轻薄的玉佩，给人的感觉却是那么厚重而生动，可谓玉中极品。河北满城中山靖王刘胜和窦绾墓出土一对龙凤纹韘形佩；江西南昌海昏侯刘贺墓出土龙凤纹韘形佩等。

三　结语

从汉代韘形佩的演变历程我们不难看出，从韘到韘形佩的变化反映了先秦到汉代以来的社会政治、经济、军事和思想等方面的因素。北京大葆台汉墓一号墓出土的韘形佩，无论是制式、材质，还是手工技艺和纹饰，都体现出汉代玉器发展的过程和状况，而且也变现了汉代的中央集权、等级制度和高超的玉器生产技术与制作水平。

参考文献

[1] 北京市大葆台西汉墓博物馆编：《大葆台汉墓文物》，文物出版社，2015年。

[2] 北京市大葆台西汉墓博物馆编：《燕蓟地区史料汇编》，北京燕山出版社，2013年。

[3] 中国社会科学院考古研究所编：《中国田野考古报告集——北京市大葆台西汉墓发掘报告》，文物出版社，1989年。

[4] 于明：《中国玉器》，五洲传播出版社，2008年。

[5] 袁良榕、张恩、涂晓琼：《韘形佩的历史渊源及演变——以海昏侯墓出土龙凤纹韘形佩为例》，《宝石和宝石杂志》2016年第4期。

环佩叮当　至尊身份

——北京大葆台汉墓出土珍品玉觽

匡 缨

一　引子

"群山万壑赴荆门，生长明妃尚有村。一去紫台连朔漠，独留青冢向黄昏。画图省识春风面，环佩空归月夜魂。千载琵琶作胡语，分明怨恨曲中论"。这是杜甫有感于昭君遭遇，暗托自身漂泊之慨的《咏怀古迹五首》（其三）。诗中"环佩空归"写昭君之怨，表达的是昭君人已远去，不复归来，归乡的只是香魂一缕。这里的环佩代指美人，环佩原意是指古人所系的佩玉，后多用来指女子所佩的玉饰。

古人以在腰间配玉为风气，是一种显示地位身份的特殊表征，而且文人以佩多款为风雅，在文人见面，行躬礼的时候，这些配饰敲击成声，本身也具有一定音乐性，于是就渐渐流行起来。正如《礼记·经解》里所说的："行步则有环佩之声，升车则有鸾和之音。"

在北京大葆台汉墓二号墓尸骨的西侧，出土了两件白玉精雕的玉觽。玉觽呈扁平细长状，一端如尖角，一端镂空雕饰回首展翅翱翔天空的凤鸟，觽体两面线刻阴文，造型柔和优美。

北京大葆台汉墓二号墓的墓主人是西汉年间王族的正室，她的身份是至尊荣宠的，出土的一对白玉质地的玉觽是她随身组佩中的玉饰（图一）。辛弃疾在《沁园

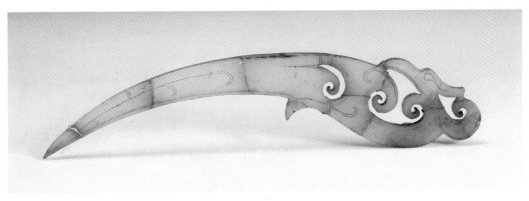

图一　北京大葆台汉墓二号墓出土玉觽

春》中写道："有美人兮，玉佩琼琚"，一语道尽华贵美人身上锦上添花的夺目晶莹。北京大葆台汉墓二号墓的墓主人是位女性，所以玉觿的装饰功能更加凸显。西汉中期以后，组玉佩不再具有区分君臣礼制的功能，原先男权的象征物女性也可以佩戴了。时人在汉赋中对汉代后宫中女性佩玉留下了生动描写："金襄以藻绣，文以朱绿，翡翠火齐，络以美玉。流悬黎之夜光，缀随珠以为烛。"

二   玉觿的起源

觿的起源很早，原始的觿是用动物的獠牙或质地坚硬的一端尖细的弯形骨角充当，后来才出现人工制作的弯角形或长条状骨质、玉石质的觿。古人佩戴兽牙的习俗由来已久，在旧石器时代晚期的山顶洞文化遗存中就已经发现钻有孔的兽牙。古人捕获了野兽，为了表现狩猎人的英勇和对胜利的纪念，他们从野兽身上摘取兽牙制成佩饰悬挂在身上。

文献所见的觿至迟可追溯到西周时期，《诗经·卫风·芄兰》："芄兰之支，童子佩觿，虽则佩觿，能不我知。"童子佩觿是当时的一种习俗，由于觿有解结的功能，引申出来的意义为解乱决烦，这是对孩童成长的期盼，望能早成其德。"觿年"一词指的正是佩带由兽骨制成的解绳结饰物的年龄——童年。

《说文·角部》："觿，佩角，瑞嵩可以解结"，意思是说觿是专门用来解开绳结的工具。中国早期的服饰没有纽扣，一般是用绳子系住，而周人注重礼节，为避免衣带散开导致走光失礼，通常会把绳子打成死结，解衣带结时则需要借助弯角形的觿，因此觿成为人们携带在腰间的小型生活用品。随着束系和松解更为简便的玉带钩的出现和流行，古人不再需要将衣带打成死结，玉觿便逐渐成为象征聪慧能干的装饰品。

随着社会的发展，觿被赋予了一定的隐晦含义，它作为成年人或已婚少年的标志性的腰间佩饰物，表示佩带者具有解决问题的能力。汉代古文诗人毛亨就曾说过："觿所以解结，成人之佩也。人君治成人之事，虽童子犹配觿，早成其德。"佩觿代表人的成长，具有解决疑难、当机立断的能力。解结即解决，这个意思一直沿用下来，明清时有一部法学著作《读律佩觿》，意为读解律法时将觿带在身边可以解决疑难。

三   玉觿反映的古代礼仪等级制度

玉觿是一种服饰用玉，是贵族阶层的必备品，是彰显其身份地位的重要标志，其间所含的礼制意义远超过了装饰性。玉佩分为两种情况，一种是成组玉佩的部分，一种是独立佩饰。玉觽一般成对出土于高等级的墓葬中，多悬挂在组玉佩的最下端。组玉佩又称杂佩，大体上是由璜、佩、珩、环等配以串珠、牙形饰等组合成套。墓主人的身份地位越高，其所佩戴的组玉佩的长度越长、结构也越复杂，玉佩的造型和纹饰也随之精美繁复。

古人对玉有"美玉""玉""石之似玉""石之次玉"等不同称谓，不难想见因为用料的不同，导致价值和等级上的天壤之别。材质在一定程度上可以说明佩饰制度，随着等级降低，次等的玉质、似玉材质的比例有所增加。《礼记·玉部》中记载："天子佩白玉而玄组绶，公侯佩山玄玉而朱组绶，大夫佩水苍玉而纯组绶……"这段记述说明，玉佩饰是有严格规范的，不能随便佩戴逾越与自己身份地位不符的玉饰。

中国古代的商周时期是一个以"礼"为主的社会，"衣服有制，宫室有度"，人们必须遵循严格的等级制度来规范行为。古人也将佩玉上升到精神生活的重要部分，寄怀省身，以玉比德，《五经通义》说玉："温润而泽，有似于智；锐而不害，有似于仁；抑而不挠，有似于义；有瑕于内必见于外，有似于信；垂之如坠，有似于礼。"这是说玉的光洁温润，就像人的温文尔雅；玉的质地坚硬细腻，象征人的智慧；玉有棱角却不伤人，使人想到义；佩玉垂直下坠，使人想到礼。随着西周时玉德论的出现和礼制的日渐完善，佩玉逐渐成为礼制的一部分，于是有了"君子必佩玉""君子无故，玉不去身"等说法。

在周代，玉首先是器，被用来作为礼器或信物。佩玉作为一种社会身份的表征，更多地发挥着一种社会区别功能，是男性权力的一种表征方式。《左传》中有"改步改玉"的说法，杨伯峻注解道："越是尊贵之人步行越慢越短……因其步履不同，故佩玉亦不同，改其步履之急徐长短，则改其佩玉之贵贱，此改步改玉之义。"因此组佩较长，佩戴之人的步履就短慢，贵族们的步伐就更加优雅，这是为了保持雍容的礼仪。

这种繁复的组玉佩制度自东周后渐渐被废止，到了秦始皇一统天下后，开始在袍服上佩戴组绶来明确等级高下。西汉沿用前朝的印绶制度，西汉的官员，依品秩之不同，佩不同的印绶。印绶制度的推行冲击了原有的以组玉佩的贵贱区分社会等级的传统，给玉觽的灭绝挖好了墓坑。

四　玉觽的演变

在新石器时代晚期良渚文化遗址中发现的一件玉觽可能是迄今为止发现年代最早

的玉觽。这件玉觽身躯扁平，一端尖细一端宽阔平齐，中部微细，上下部位三出状或弧形镂空，末端有小孔可以穿戴。这件玉觽的琢磨工艺已经十分复杂，且已具备了佩饰功用。

　　商周时期的玉觽极为罕见，造型和雕刻相对简单。山西闻喜上郭西周墓出土的玉觽弯曲成半圆形，体表阴刻双线螭龙纹，穿孔位于中部近龙首的一端，佩戴方式与后世常见的玉觽有别。

　　春秋战国时期，玉觽经历了比较大的变化，觽身的雕刻技法和纹饰十分丰富，有龙、虎、兽、鸟等动物，构图中蟠螭纹十分流行。最为经典的当数龙形玉觽。龙形玉觽是数量最多、起源最早，延续时间最长的一种造型。安徽长丰杨公战国墓地出土的玉觽，体扁平，粗阔的一端雕刻为龙头，龙尾则作为尖细一端，龙身饰斜线绳索纹，龙嘴后侧钻琢一扁圆孔用于穿系。造型自然和谐，龙和觽结为一体（图二）。

　　西汉时期的墓葬出土的玉觽十分丰富，高规格的王室墓葬以及诸侯王墓多出现玉觽随葬，而且玉觽的形制、纹饰、工艺都超过前代，向复杂化、多样化发展。西汉中期以前的玉觽多雕成龙形，一端为龙头，龙尾雕作尖状。这一时期南越王墓出土的玉觽有四件，均体现了西汉前中期的风格，为龙形玉觽。其中一件弯曲成半圆形，龙身阴刻云纹，造型极为特殊。

　　另一件龙头、龙身透雕，正面剔地隐起勾连云纹，背面饰阴刻卷云纹（图三）。

　　西汉后期的玉觽，有雕成龙形的，也有雕成凤鸟形的，造型比以前更为优美。北京大葆台汉墓二号墓出土的玉觽，采用透雕加阴线浅刻的技法，雕成凤鸟形，凤尖嘴高冠，作回首状，凤鸟眼部的神采细部雕刻得精致入微。

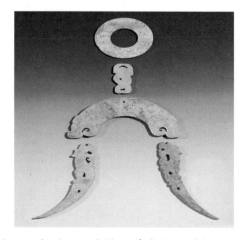

图二　安徽长丰战国墓出土龙纹玉觽　　图三　广州西汉南越王墓出土一对龙形玉觽

　　汉代是玉觽的最后一个发展高峰时期，自此以后的玉觽完全消失。究其原因，一是汉末社会长期动荡，玉雕工艺停滞不前；二是自汉以后，南北民族空前融合，盛行一时的礼仪用玉重要组成的玉组佩消失不见。玉觽是玉组佩的重要组件，因此，也随之消亡。

参考文献

[1]《说文解字注》，上海古籍出版社，1981年。

[2]《礼记》，吉林人民出版社，1999年。

[3] 孔希旦:《礼记集解》，中华书局，1989年。

透雕螭虎玉佩

徐 超

中国人自古对玉就情有独钟，不仅早早发现了玉——致密温润的特质，而且赋予了它更为特殊的内涵，人们将虔诚的信仰、精神的追求以及艺术的情怀寄托于精雕细琢之间。以玉为载体的中华文化绵延几千年之久，成为世界文明史上一道靓丽的风景。纵观中华玉文化，史前时代的先民就以尚显粗糙的治玉工艺在玉石上勾勒抽象神秘的纹饰，商周时期的人们喜欢的玉器多显小巧而程式化，大件器形不多。进入战国以后，随着铁制工具的使用，治玉工具逐渐改进，玉器制作开始走向变革，造型、纹饰渐为丰富、活泼。及至汉代，由于生产力不断提高，治玉工具进一步改良，最为重要的汉玉是深植于雄浑开阔的汉代文化土壤，中国古代的玉器艺术达到了一个前所未有的高峰。以今天所见之出土文物来说，汉代玉器可谓丰富多彩，其造型既有大气磅礴，又有小巧精致；其纹饰灵动飞扬，别具一格。本文就从众多精美的汉代玉器里挑选出一件透雕螭虎玉佩，通过它去领略汉玉之美，感悟大汉时代的文化魅力。

这件透雕螭虎玉佩，出土于1974年发掘的北京大葆台汉墓二号墓。此玉佩长9厘米，厚0.5厘米，通体白玉材质，局部有褐色沁。上部镂雕成卷云纹，似樱花状；体呈扁平圆形，两边纹饰相同，器形边缘阴刻两圈弦纹，中间夹以双弧形纹；中孔镂雕一盘曲螭虎，嘴窄阔鼻，长卷独角，以阴刻画肢体细部，整体形象飞扬灵动。

一　色彩

玉佩上存有的沁色，是由于玉佩长期在土中埋藏所产生的颜色变化。一些玉器在土中埋藏时受到了土中所含其他元素的影响，会产生颜色变化，古文献中称其为沁色，其中较为常见的为铁锈色（受铁类元素影响）、铜绿色（受铜类元素影响）暗黄色、黑色、白色。人们常称其为铁锈沁、铜沁、土沁，水银沁，水沁。除此以外，经过千年时光，玉材会被自然风化，产生一定的颜色变化，其中暗黄色、赭褐色、白色是最常见的，且是风化深入的递进性变化。由于玉器表面大多会出现类似河里卵石状纹饰，因此被称为玉皮。玉皮的颜色同沁色的颜色往往不易区别，因而带有用玉皮色充沁色玉的。一般说来，风化色应是较均匀，较纯正的；沁色不是在单一情况下进行的，是多种因素同时进行的，因而均匀性差，色沁种类不单一。此件透雕螭虎玉佩上出现的褐色沁分布不均，多出现于玉佩的上半部分，就是二者共同作用的结果。皮色与沁色的出现虽然掩盖了玉佩原有的颜色，但用千年时光所描绘出的色彩，也能代表一种别样的岁月之美。当然，如果能在想象的空间里擦去杂色，还原玉佩原有的光泽，亦不难感受到它的温润剔透。

二　技艺

汉代由于国力强盛、社会富庶，思想上又相对开放与自由，使得玉器文化上呈现出传统与创新相融合的特点。汉代的玉雕艺术没有停留在过去的传统状态，而是进行了大胆地改革和创新，形成了一种传统延续和新风格产生相并存的特点。汉代的玉器除了继续保持了过去的一些传统用途之外，逐渐由礼器而转为代表其时代的实用物和装饰物，品种更加丰富，其纹饰亦更显优美生动。西汉早期玉器艺术，仍处于承袭战国晚期艺术风格发展的阶段，纹饰方面，结合了战国晚期之穀纹、丁字云纹，颇具过渡时期风格。到了西汉中期后，玉器艺术稳定发展，形成纹饰平面立体化的特色。比如使用如宽线扭丝纹等的装饰性线纹，并透过技术与艺术结合的艺术镂空，来凸显整体造型，这也是西汉时期玉器的特色，尤其以螭纹玉器最具代表性。西汉中晚期的北京大葆台汉墓所出土的透雕螭虎玉佩就是此类玉器的佼佼者。

这件汉代螭纹玉器构图设计生动自然，它不拘于表面的对称平衡，追求一种内在的变化平衡。玉器上的螭虎身躯造型呈"S"形弯曲，仿佛能穿云而出。"S"形是极富美学含义的造型，身躯粗细有变化，生动错落有序，转弯处流畅而无丝毫阻塞感，给人一种豪放流转的动感。为了表现这种动感，匠师们追求简洁自然、刀法流畅，采用镂空技艺雕刻而成。所谓镂空，是以管钻打孔配合金属线具制作，其特色是镂空融入造型之中，使平面立体化的造型更加生动有力，并运用精熟的技巧营造出虚实相映的美感，使镂空由技近于艺，成为一种美的设计。西汉镂空善于运用圆孔，勾转纹饰与造型的美感，并使自身也成为一种空的纹饰。透雕螭虎玉佩所体现的汉代镂空技术，显示了纯熟精致的雕琢技法，并兼具艺术性设计，故称之为技与艺结合之艺术镂空。北京大葆台汉墓出土的这件透雕螭虎玉佩，运用圆孔配合整体造型的设计方式，使整体纹饰呈现出流畅的美感。螭虎作昂首、挺胸、跨足之状。管钻圆孔的镂空融入造型中，让螭虎展现出翻飞飘卷之美。

三　纹饰

透雕螭虎玉佩所采用的螭虎纹饰是中国古代玉器文化中重要的纹饰之一。从目前出土文物来看，最早的玉雕螭纹见于春秋，盛行于战国秦汉，并延续到后代。汉代是玉雕螭纹发展的鼎盛时期，此时玉器中的螭纹，无论是数量、质量和工艺等方面都发生了很大变化。

螭，是一种中国古代传说中的动物，正因如此，所以其形态并不固定，《说文解字》里说："螭，若龙而黄，北方谓之地蝼，从虫，离声，或无角曰螭。"《左传·宣公三年》载："螭魅魍魉，莫能逢之。"前人注释到"螭，山神，兽形"。《左传·文公十八年》亦有"投诸四裔，以御螭魅"之载，其中"螭魅"一词的杜预注称："螭魅，山林异气所生，为人害者。"由此可见，螭这种传说中的动物至少在这一时期就已经形成了。

螭虎在现实生活中并不存在，是人们想象的神物。汉代文献记载，螭为龙属。东汉学者高诱注《吕氏春秋》说："螭，龙之别也。"《后汉书·马融传》注："螭，龙之属。"考古发现的汉代龙纹，形态各异，千姿百态，归纳起来可分为蛇体型和兽体型两大类，前者体形蜿蜒修长如蛇，舌细长如蛇信；后者体形如走兽。螭虎应是兽体龙纹中的一种。《汉书·扬雄传》注引三国人韦昭说："似虎而鳞"，即虎头螭身。又注《音义》引郑氏云："虎类也，龙形"，是螭和虎的合体，所以称之为螭虎。古人认为龙神通广大，能上天入地，充满了灵气和力量；虎乃兽中之王，威风凛凛。因此，古人根据想象，将二者兼而有之，创造螭虎这一神灵动物，赋予其雄壮威武、大气磅礴的内涵。汉代文学家扬雄在其名著《法言》所说的"螭虎桓桓"就采用了这一寓意。

螭从春秋时期开始，盛行于两汉社会，一直延续至封建时代的落幕，承载了数千年的华夏文明。它不仅拥有精湛的雕刻技艺，蕴含了丰富的文化内涵，还凝聚着具有中华民族特色的艺术美。在古代哲学思想、礼制思想的影响下，螭的装饰艺术与标致社会等级的象征意义连为一体。螭形态的设计虽以"明贵贱、辨等级"为主，但在体现等级的同时，又赋予其吉祥、驱邪等美好寓意。在造型上，注重精、气、神的结合，在气势上给人以威严、崇高之感。需要指出的是，螭虎的形象之所以在汉代被大量用作玉器的装饰纹样——盛极一时，其根本原因还是深受两汉文化的影响。汉代绵延四百年，国家统一、经济繁荣、社会开明，反映在文化特征上，就是一种深沉雄大、昂扬向上的朝气。如此一个生机勃勃、奋发有为的时代才能孕育出如透雕螭虎玉佩这样飞扬灵动、精美绝伦的艺术瑰宝。

参考文献

[1] 睢成:《试析汉代玉器中圆雕动物的特征》,《开封大学学报》2013年第3期。

[2] 朱文楷:《中国古代玉器中的螭纹》,《重庆科技学院学报(社会科学版)》2012年第21期。

浅谈汉代螭虎纹饰

韩姗姗

图一　北京市大葆台西汉墓博物馆藏
透雕螭虎纹玉佩

北京市大葆台西汉墓博物馆馆藏有一块这样的玉佩：长9厘米，厚0.5厘米，出土于二号墓墓室东北侧。白玉质，圆形，残，上部镂雕成樱花状，中间镂雕一盘曲螭虎，虎体用阴刻线条刻出虎形，均两面刻，形象生动。边缘阴刻两圈弦纹，中间夹以双弧形纹。这块玉佩就是透雕螭虎纹玉佩（图一）。

一　什么是螭虎纹

螭虎的形象，在汉代大量用作玉器的装饰纹样，可以说是盛极一时。

螭虎在现实生活中并不存在，是古人根据想象创造的神灵动物。汉代文献记载，螭为龙属。东汉学者高诱注《吕氏春秋》说："螭，龙之别也。"《后汉书·马融传》注："螭，龙之属。"今人仓修良主编《史记辞典》也说："螭，龙的别名。"1989年上海辞书出版社出版的《辞海》同载："螭，古代传说中的一种动物，蛟龙之属。"

《汉书·扬雄传》注引三国人韦昭说："似虎而鳞"，即虎头螭身。又注《音义》引郑氏云："虎类也，龙形"，是螭和虎的合体，所以称之为螭虎。看来，螭虎的形象，可能是虎头螭身，既像螭，又像虎。螭虎又传为"山神"，有"守护神"之称。

螭为龙属。《说文》说："龙，鳞虫之长，能幽能明，能细能巨，能短能长，春分而登天，秋分而潜渊。"它神通广大，能上天入地，充满了灵气和力量。虎乃兽中之王，威风凛凛。螭虎则二者兼而有之。《易》曰："云从龙，风从虎"，风云交会，

图二　上海博物馆藏西汉螭虎纹玉剑珌

四海翻腾，五洲震动，气盖山河！汉代大文学家扬雄，在其名著《法言》说："螭虎桓桓"，桓桓乃雄壮威武、大气的形象。

螭虎形象成型于战国，流行于两汉，魏晋以降乃至明清延续不绝，屡见于各类艺术品。考古发现的汉代龙纹，形态繁多，千姿百态，但主要可分为蛇体型和兽体型两大类，前者体形蜿蜒修长如蛇，舌细长如蛇信；后者体形如走兽。螭虎纹应是兽体龙纹中的一种（图二）。

二　汉代螭虎纹

汉代是螭虎纹的鼎盛时期，汉人崇尚螭虎，并将其作为主流玉器纹饰加以大力推广，因此现在我们能够见到的许多汉代玉器上，都有螭虎纹的身影。

陕西历史博物馆珍藏的国宝级别的西汉白玉"皇后之玺"，即为螭虎纹印纽。此玉玺高2厘米，宽2.8厘米，正方体，用著名的新疆和田玉精细雕琢而成。玺面阴刻篆文"皇后之玺"四字，字体庄重，刻镂利落，韵味高雅，雍容大度。玉玺四侧面阴刻流畅的云纹。顶部用线雕、高浮雕和圆雕相结合的手法，雕琢出螭虎形象，特别引人注目。汉代卫宏的《汉旧仪》记载："皇帝六玺，皆白玉螭虎纽。"又载："皇后玉玺，文与帝同……螭虎纽。"此玉玺的形制，与记载完全符合（图三）。

汉代有一种装有"玉具"的宝剑，即《汉书》注释所说"标、首、镡、卫尽用玉为之"的铜剑和铁剑，当时人们称之为"玉具剑"。"玉具剑"在汉代上层贵族社会非常流行。一些高级玉具剑，都是在玉具上，用线雕、浮雕、圆雕、镂雕等多种技法，雕刻出富有生命力的、神采飞扬的螭虎形象。汉代文献记载，这些螭虎纹玉具

图三　陕西历史博物馆藏西汉白玉
　　　"皇后之玺"

剑，其珍贵者，价值百金、千金，甚至万金。《汉书·匈奴传》记载，汉代皇帝曾把
玉具剑作为礼品，赠送给匈奴国家元首呼韩邪单于。

　　广州西汉南越王墓出土有一件螭虎纹玉剑首，整体温润晶莹，用线雕、高浮雕和
近似圆雕的手法，雕琢两条螭虎，虎一样的头，双目炯炯有神，双耳贴于脑后。体健
壮，蜿蜒呈"S"形，作低姿势向前奔爬，腿脚粗短有力，身后拖着一条绞丝纹长尾，
随着蜿蜒的身体，作"S"形摆动，充满活力，动感很强，看去既像螭，又像虎（图
四）。河北满城中山靖王刘胜墓出土的玉剑首、玉剑璏及玉珌上，也刻画有栩栩如生
的螭虎。它们是玉具剑鼎盛时期玉雕艺术最高水平的代表作品（图五）。

图四　广州西汉南越王墓出土螭虎纹玉剑首

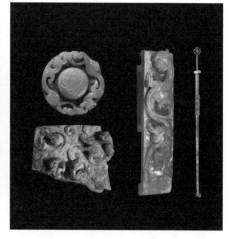

图五　河北满城西汉中山靖王刘胜墓
　　　出土螭虎纹玉具剑

除了玺纽与玉具剑外，一些螭虎纹的玉带钩、玉佩等也十分常见。

三　结语

汉代是螭纹的最鼎盛期，数量多，在许多玉器上都能见到。蔡邕《独断》："天子玺以玉螭虎纽。"螭虎是战国之后玉器中常见的异兽，战国晚期玉器上就有螭虎纹饰。汉以后，螭虎使用的更为广泛。史书记载：初，汉高祖入关，得秦始皇蓝田玉玺，螭虎纽。文曰"受天之命，皇帝寿昌"高祖佩之，后代名曰传国玺。汉人崇尚螭虎。班固《封燕然山铭》有"鹰扬之校，螭虎之士"的句子。由此可知，螭虎在中华民族的古老文化中代表神武、力量、权势、王者风范。而史仲文主编的《中国艺术史·工艺美术卷》说："两汉是封建社会的上升阶段，统治阶级基本上还是一个有朝气的阶级，所以，汉代的文化特征，总体上是深沉雄大，粗犷有力，是民族奋进精神的反映。"这也许便是汉代玉器中螭虎纹如此受欢迎的原因。

参考文献

[1] 傅举有：《汉代的螭虎纹玉雕艺术》，《中国文物报》2010年9月1日。

从北京大葆台汉墓出土玉条浅谈汉代丧葬文化

韩姗姗

北京大葆台汉墓一号墓出土的一组玉条，被发现位于后室北面内椁的底板上。玉条一组9个，呈长条形，一面打磨光滑平整，有的一端做斜角形。长度从4.7～11.5厘米不等，宽度在1～1.1厘米之间，厚度在0.1～0.3厘米之间。部分玉条上还残留着彩绘的痕迹（图一）。

这些看起来平平无奇的玉条究竟是做什么用的呢？其实到现在，它们真正的用途也还没有得到证实。但是从外形特点和出土位置来看，可以得出一些合理猜测。

首先，由于它们的出土位置位于内椁的底板上，即是在内椁的内部。基本可以判断这些玉条应该是属于"葬玉"的范畴。古人认为，"金玉在九窍，则死人为不朽"，即是说，以玉敛葬，可保尸身不腐。而古人相信灵魂不灭，那么保存好尸身，可以说是，希望能够死而复生的古人们眼中死后的第一要务。

图一　北京大葆台汉墓一号墓出土玉条

（引自北京市大葆台西汉墓博物馆编：《大葆台汉墓文物》，文物出版社，2015年）

图二 江西南昌海昏侯墓出土琉璃席
（引自CCTV10《探索·发现》节目《海昏侯大墓考古发掘现场之四》）

而葬玉，正是在这种文化和思想的背景下产生的。汉代时，葬玉已极为普遍，并渐渐演变出了一套包括玉衣、玉握、玉九窍塞、玉琀等葬玉的完整形式。

那么这组玉条真正的用处是什么呢？既然是出现在底板上的东西，有没有可能是铺在下面的席子呢？

其实在江西南昌的海昏侯墓，考古专家们便发现了一张铺在亡者身下的琉璃席。但这张琉璃席，不但琉璃片的形状是长方形而非长条形，在琉璃片的四角还钻有小孔，以供使用丝线编缀（图二）。和这一组玉条的外形特点可谓相去甚远。从这一点来看，说这组玉条的真身是玉席，并不太合理。

那么什么样的东西是扁平，不需要钻孔，有一面需要打磨光滑，又有可能沾上彩绘的颜料的呢？答案是——漆木器上镶嵌用的玉饰件。

在河北满城汉墓中，就出土了很多这样的东西：长条状，扁平，一面磨光或雕刻纹饰，多数残存朱红痕迹。发掘的考古人员判断他们可能是镶嵌在漆木器上的附件，正和我们讲的这组玉条的情况不谋而合。

其实关于汉代的葬玉，除了我们常常提到的玉衣、玉握等等之外，还有一样叫作镶玉漆棺。顾名思义，是在内外侧镶嵌玉件作为装饰漆木棺椁。而在河北满城，江苏徐州狮子山、大云山等多处汉墓中，都出土有这样的镶玉漆棺（图三~五）。

我们已经知道，金缕玉衣一直被认为是汉代葬玉制度中最高的一层，只有皇帝、诸侯王和高级贵族死后才可以使用。在文献中，玉衣也经常被反复提到（《汉书·霍光传》："光薨，……（赐）璧珠玑玉衣。"《汉书·董贤传》："及至东园秘器、珠襦

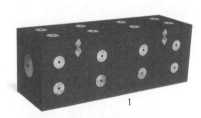

图三　河北满城汉墓出土镶玉漆棺

1.窦绾镶玉漆棺复原图　2.窦绾镶玉漆棺内壁玉版复原图

（引自河北省博物院：《大汉绝唱满城汉墓》，

文物出版社，2014年）

图四　江苏徐州狮子山西汉楚王陵出

土镶玉漆棺部分残片

（引自王恺、邱永生：《徐州狮子山西汉楚王陵

发掘简报》，《文物》1998年第8期）

图五　江苏盱眙大云山江都王陵二号墓出土镶玉漆棺

（引自李则斌、齐军、田长有、白继、陈刚：《江苏盱眙大云山江都王陵二号墓发掘简报》，

《文物》2013年第1期）

玉押，豫以赐贤。"玉押也是玉衣的别称），但却很难找到关于镶玉漆棺的明确记载。

也许，这是因为十分重视丧葬礼仪的古人，为了更好地使用玉器来保存尸身不腐而逐渐在规定的制度之外衍生出的内容；或许是在浩瀚的历史长河中，还有什么我们尚未发掘到的内容。但无论如何，这些文物都会静静地躺在这里，等待我们来探寻他们身上的秘密。

参考文献

[1] 冯花周:《略论汉代的葬玉》,《传奇·传记文学选刊(理论研究)》2010年第6期。

[2] 岳亚莉:《浅析汉代葬玉》,《文物鉴定与鉴赏》2010年第5期。

汉代的玉璜

陈海霖

玉，美石也。早在新石器时代，玉石因其温润的质地、特殊的纹理，受到先民们的青睐。每个时代，人们对于玉石，都抱有惊人的热忱，经过耐心地切割，细心地打磨，精心地雕琢，投入了巨大的创造性努力，使玉器在古代中国崭露头角，大放异彩。玉器按照功能基本分为两大类：礼器和工艺品。玉礼器中最被古人看重的是瑞玉，其含义神秘、造型奇特，玉璜就是其中一种。其起源悠古，历代传承，是研究古代用玉制度的重要材料。

一 何谓"玉璜"

玉璜，《说文解字》曰："璜，半璧也。从玉黄声。"郭宝钧在《古玉新诠》中做这样的描述"朝时日出，晷景在西，夕时日落，晷景在东，自朝至夕，晷景移动轨迹，略为半圆形，其状颇似璜。"《太平御览》卷十四《玉部》引《搜神记》称："孔子修《春秋》，制《孝经》。既成，孔子斋戒，向北斗星而拜，告备于天。乃有赤气如虹，自上而下，化为玉璜。"玉璜的造型基本形态，为半璧形、半环形。璜的形状很像璧或环的一部分，为弧状玉片，宽度一致。学者们依据古玉器的实物，将弧度小于半圆的玉饰概名之为璜。一般来看，璜的弧度在三分之一圆周至半圆之间，个别的小于三分之一圆周。

从玉璜的用途来看，有礼器和佩饰两种功用。玉璜作为玉礼器"六器"之一，《周礼·大宗伯》曰："以玉为六器，以礼天地四方。以苍璧礼天，以黄琮礼地，以青圭礼东方，以赤璋礼南方，以白琥礼西方，以玄璜礼北方。"郑玄曾注解："半璧曰璜，象冬闭藏，地上无物，唯天半见。"《礼记·明堂位》："大璜，天子之器。"玉璜作为政治礼器，用于礼仪活动之中。

玉璜作为佩饰，《诗经·郑风·女曰鸡鸣转》："知子之来之，杂佩以赠之。"毛传："杂佩，珩、璜、琚、禹、冲、牙之类"，同时在《释文》中描述："佩，上有衡，下有二璜，作牙形以其中，以前冲之，使关而相击也。璜为佩下之饰，有穿孔。"《山海经·海外西经》："夏后启……右手操环，佩玉璜。"

二 玉璜与组玉佩

玉璜是组玉佩的重要组成饰件之一，早在新石器时代，玉璜、玉璧、玉环就同玉管、玉珠等玉件组合在一起，形成组玉佩的雏形。组玉佩既有礼玉的性质，又有装饰功能，随着其结构的复杂化和制度化，逐渐成为权贵身份的象征或标志。后经历代传承，一直绵延至明代尚未绝迹。

新石器时代的佩饰中，就有用玉璜作为佩饰主体的做法，它被串连在玉佩中部的显要位置上。如江苏南京北阴阳营遗址出土的玉佩饰，由24件玉管和3件玉璜组成[①]。这种佩饰套在人的颈部，垂于胸前，似项链，后来的组玉佩很可能就是在这种项链的基础上发展而来。西周时期，出现了以玉璜为主体的组玉佩。如西周早期山西曲沃曲村6214号墓中出土的两套组玉佩，下部正中皆悬垂二璜，上部有玉或石质的蝉、鸟、鱼形，并以玛瑙、绿松石、滑石制作的小管串连而成。这两套组玉佩各有二璜，可称为二璜佩[②]。西周中期陕西长安张家坡58号墓出土的组玉佩，以三璜四管和玛瑙珠串成，可称为三璜佩[③]。西周晚期山西曲沃北赵村91号墓中出过一串五璜佩，5件璜自上而下弧度依次递增，安排得很有规律[④]。

墓葬中出土的组玉佩和玉覆面的性质不同，它们大多数应是墓主人生前佩戴之物，《礼记·玉藻》中说："古之君子必佩玉"，"君子无故玉不去身"。所以组玉佩应不属于葬玉的范畴。先秦时期，组玉佩是贵族身份在服饰上的体现之一，身份愈高，组玉佩愈长愈复杂；身份低者，组玉佩则短小而简单。这与贵族走路的步态有关，身份愈高，走路步子愈小，走得愈慢，显得气派出众，风度俨然。《礼记·玉藻》："君与尸行接武，大夫继武，士中武。"孔颖达疏："武，迹也。接武者，二足相蹑，每蹈半，半得各自成迹。继武者，谓两足迹相接继也。中，犹间也。每徙，足间容一足之地，乃摄之也。"就是说，天子、诸侯和代祖先受祭的尸行走时，迈出的脚应踏在另一只脚所留足印的一半之处，可见行动得很慢。大夫的足印则一个挨着前一个，士行走时步子间就可以留下一个足印的距离。从而可知步履之徐缓正可表现出高贵的身份之矜庄，而带上长长的组玉佩则不便疾行，又正和这一要求相适应。故当时有"改步改玉"或"改玉改行"的说法。《左传·定公五年》说季平子死后"阳虎将以琪璐敛，仲梁怀弗与，曰：改步改玉。"杨伯峻注："据《玉藻》郑注及孔疏，越是尊贵之人步行越慢越短。……因其步履不同，故佩玉亦不同；改其步履

---

① 中国玉器全集编委会编：《中国玉器全集》卷一，河北教育出版社，1993年。
② 北京大学考古系：《燕园聚珍》，文物出版社，1988年。
③ 中国玉器全集编委会编：《中国玉器全集》卷一，河北教育出版社，1993年。
④ 北京大学考古系：《天马—曲村遗址北赵晋侯墓地第五次发掘》，《文物》1995年第7期。

之疾徐长短，则改其佩玉之贵贱，此改步改玉之义。"又《国语·周语中》："晋文公既定襄王于郑，王劳之以地。辞，请隧焉。王不许，曰：……先民有言曰：改玉改行。"韦昭注："玉，佩玉，所以节行步也。君臣尊卑，迟速有节，言服其服则行其礼。以言晋侯尚在臣位，不宜有隧也。"此制不仅适用于王侯，大夫等人着朝服时亦须遵循。《礼记·玉藻》："将适公所，……既服，习容，观玉声，乃出。"正义："既服，着朝服已竟也。服竟而私习仪容，又观容，听己佩鸣，使玉声与行步相中适。玉，佩玉也。"等而下之，一般贵族也视以佩玉节步为礼仪之所需。《诗·卫风·竹竿》："巧笑之磋，佩玉之摊。"毛传："摊，行有节度。"郑笺："美其容貌与礼仪也。"虽然目前从出土的资料看，还无法将组玉佩的规格和贵族的等级准确对应起来，但仍可以确定它功能性的作用是节步，礼仪性的意义是表示身份。

至汉代，贵族已不再讲究小步慢行的周礼，烦琐华丽的大型组玉佩逐渐被简约明快的小型组玉佩或珠玉串饰所替代，高等级墓葬中已较少出土组玉佩，仅广州南越王墓出土有11套组玉佩[1]，是已知汉墓中出土最多的。此时的组玉佩不再是戴于颈部，而是垂挂于腰间，且多为女性墓主人使用，如湖南长沙陡壁山曹墁墓出土的一套透雕龙凤纹组玉佩，出土于墓主左侧腰腿部，由30件形制各异的玉环、玉鞢形佩、玉管行饰以及水晶、玛瑙珠组成[2]。

三　北京大葆台汉墓出土玉璜

1974年，在发掘北京大葆台汉墓一号墓时，于后室北面内椁底板上出土2件玉璜，一件青玉质，扁平弧形，阴刻回纹，左边和中央各有一孔，为两面钻，长10厘米，宽3厘米，厚0.3厘米（图一）。另一件素面无纹饰，两边和中央各有一孔，长9.5厘米，宽2.6厘米，厚0.3厘米（图二）。因墓葬被盗严重，遗留下器物受扰乱后位置也发生了移动，无法判断两件玉璜原本随葬时的位置和功能，但推测应该是佩饰的组成部分。

其中素面无纹饰的一件，目前难以确定其时代，而阴刻"回纹"的一件，杨建芳先生认为是战国的秦式玉器[3]。关于玉璜上的"回纹"纹饰，刘云辉先生认为应该是方折的几何形状的秦式龙首纹，与秦公1号大墓出土的秦式龙纹玉璜十分相似，所以推测这件玉璜是春秋秦式龙纹玉璜，不是汉代制作的。同在后室北面内椁底板上出土的方形镂孔玉饰，其上的纹饰与这件玉璜的纹饰相似，报告中称为"变形云纹"，但实际上应该也是秦式龙首纹，所以此玉应该也是春秋秦式玉器。这两件玉饰应该都是春秋

① 广州市文物管理委员会、中国社会科学院考古研究所、广州博物馆：《西汉南越王墓》，文物出版社，1991年。
② 何枰凭：《巧以珠玉饰深衣——西汉王室墓组玉佩探析》，《文物天地》2018年第3期。
③ 杨建芳：《春秋秦式玉雕及相关问题》，（香港）《中国文物世界》第100期，1993年。

 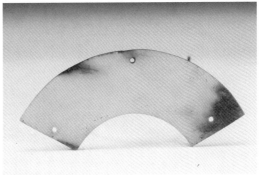

图一　北京大葆台汉墓出土龙纹玉璜　　　　图二　北京大葆台汉墓出土素面玉璜

传世之玉，不是汉代制作的。

　　西汉墓葬中出土秦式玉器也是有历史文献依据的，《史记·萧相国世家》记载
"沛公至咸阳，诸将皆争走金帛财物之府分之"。《史记·货殖列传》也明确记载
"秦之败也，豪杰皆争取金玉"。《西京杂记》更为形象地描述刘邦"初入咸阳宫，
周行库府金玉珍宝，不可称言，其尤惊异者，有青玉五枝灯，高七尺五寸，作蟠螭以
口衔灯"。可见，西汉王朝获取秦王朝的金玉珍宝数量颇丰。西汉王朝统一天下后，
皇室又将所获的部分金玉珍宝赐予王公贵族继续使用，北京大葆台汉墓一号墓出土的
这两件秦式玉器可能就是皇室赐予广阳王刘建的，所以，在西汉高等级墓葬中才会出
土这种秦式玉器。

参考文献

[1] 中国玉器全集编委会编：《中国玉器全集》卷一，河北教育出版社，1993年。

[2] 北京大学考古系：《燕园聚珍》，文物出版社，1988年。

[3] 广州市文物管理委员会、中国社会科学院考古研究所、广州博物馆：《西汉南越王墓》，文物
　　出版社，1991年。

[4] 北京市大葆台西汉墓博物馆编：《大葆台汉墓文物》，文物出版社，2015年。

[5] 何枰凭：《巧以珠玉饰深衣——西汉王室墓组玉佩探析》，《文物天地》2018年第3期。

[6] 杨建芳：《春秋秦式玉雕及相关问题》，（香港）《中国文物世界》第100期，1993年。

[7] 北京大学考古系：《天马—曲村遗址北赵晋侯墓地第五次发掘》，《文物》1995年第7期。

玉瑱小议

赵芮禾

一　北京大葆台汉墓出土玉瑱

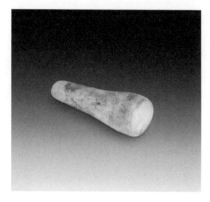

图一　北京大葆台汉墓出土玉瑱
（玉耳塞）

北京大葆台汉墓共出土83件玉石器，其中一号墓出土52件，二号墓出土31件。出土的玉器中以礼仪用玉为多，大多数仪玉都可用玉丧葬。因早年间墓室被盗扰严重，两个墓室中的玉器大多数都被盗墓者扰乱移动过位置，且残件居多。其中在二号墓的尸骨东部清理过程中发现有一"玉耳塞，白玉质，一头大一头小，大头顶为平面，小头为半圆形，截面作圆形。长2.7厘米、直径0.5～0.9厘米"[1]（图一）。

北京大葆台汉墓二号墓的墓主人经过人骨鉴定，确定其为20～25岁的年轻女性[2]，推测其为广阳顷王刘建的夫人，因此可以确定此件玉耳塞为广阳王夫人随葬之物。发掘报告中对此物命名为玉耳塞，是西汉时期尸体下葬时塞住外耳廓的玉器，准确命名应为玉瑱。"瑱"《说文解字》解："瑱，以玉充耳也。"虽然《说文解字》解释其为玉石制成，但是"瑱"以功用的不同，也拥有不同的材质，这与瑱在不同情况下的不同思想内涵有关。

二　瑱之一物

在中国传统服饰文化与丧葬文化的史料记载中，瑱拥有两种实物形态的表现。其一作为服饰配件，其二是作为葬玉的组成部分。在古人生前与身后的装扮上都有其独特的历史地位，在不同情况下的实物形态也有些许不同。

---

[1]　大葆台汉墓发掘组、中国社会科学院考古研究所编：《北京大葆台汉墓》，文物出版社，1989年，第72页。
[2]　大葆台汉墓发掘组、中国社会科学院考古研究所编：《北京大葆台汉墓》，文物出版社，1989年，第118页。

（一）服饰用瑱

瑱在古人的现实生活中主要运用在发冠装饰上，瑱又名充耳，是冕冠中由丝带系于玉衡上，下垂到耳畔的丸状饰物。冕冠作为古代冕服制度中的首服，在等级观念严格的封建社会服饰制度中，是最高等级祭礼服的组成部分。

冕服制度起源于周代，在汉代时形成了早期的完整体系，确立了较为规整的形制。冕服在古时是天子祭祀时所穿的服饰，总结历代冕服的组成部分主要为冕冠、玄衣、纁裳、白罗大带、绶带、黄蔽膝、素纱中单、赤舄、佩剑等，不同年代的冕服在配件装饰上略有不同，宋元时期还有勒帛等饰物。

冕冠是冕服制度的冠服，主要由延、旒、玉笄（簪）、玉衡、武、充耳等部分组成。共有六种不同形式的冕冠，分别为：大裘冕、衮冕、鷩冕、毳冕、希冕、玄冕，皇帝在不同的祭祀场合佩戴不同的冕冠。祭天：大裘冕，祭祖：衮冕，祭先王：鷩冕，祭山川：毳冕，祭社稷：希冕，小型祭祀活动：玄冕。现经过考古发掘出土最早的实物是明朝的冕冠，在明代定陵与鲁荒王墓（图二）中都有较为完整的冕冠出土，尽管与汉代的冕冠制度文献记载有些许不同，但大体形状与组成部分没有过多改变。从现已出土的明代冕冠中可知，明代冕冠玉瑱皆为直径1～1.7厘米不等的圆珠。

按照周礼中记载的冕冠可知其大体形态与各部分的象征含义。冠卷，又名武，是冕冠的卷筒部分，其上有纽，中间插玉笄（簪）固定发髻与冕冠。冕延：又名綖，是冕冠顶部的木板，上玄下朱、前圆后方，象征天圆地方。后比前高一寸二分，有前俯之状，象征君王关怀百姓，冕的名称即由此而来。延板前后悬挂旒，以朱、白、仓、黄、玄五彩玉珠串联，长度垂肩，天子为尊悬十二旒，每旒十二珠，前后二十四旒，共二百八十八颗珠，取义带冠之人目不视邪祟，不看不公不正之物，冕旒之数暗合十二地支。延板之下有一

图二　明代鲁荒王朱檀墓出土冕冠

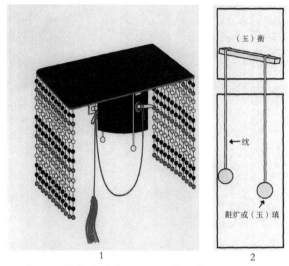

图三　崔圭顺绘制周天子冕冠复原图与充耳
1.周天子十二旒冕冠　2.充耳

玉衡，起到支撑的作用，衡两端各坠一充耳（瑱），充耳悬挂于戴冠者耳畔，充本有塞住的含义，实际上人在活动时瑱的摆动会碰撞耳朵、脸颊，提醒戴冠者不妄听[1]。充耳与冕旒的搭配也就是"视而不见、充耳不闻"一词的由来[2]（图三）。

在冕冠的各个组成部分中链接充耳与玉衡的丝带古时命名为"纮"，对于"纮"在文献中的解释，有一些不同。《说文解字》与《左传》中将纮释义为充耳和丝带的总称，其实是扩大了其本意。纮下系住的丸状物就是瑱，不过后世谈及充耳时，一般并不严格区分纮与瑱。因此充耳的意义分为两种，狭义上指瑱，广义上指瑱与纮的总称[3]。

在探讨瑱材质的时候，很难从文献中找到明确的记载，因大多史料对其记载为"黈纩充耳"，"黈"本意为黄色，"黈纩"便释为黄色的丝线，也就是纮，文献中大多记载了纮的颜色，而瑱在冕冠中所用的材质只有玉石。

瑱除了在冕服中的运用，还有三种情况。其一，根据《周礼》注：王后之祭服有衡垂于副之两旁当耳，其下以纮悬瑱。是专谓后服也。其二，瑱作为一般的耳饰之名时，其形状可能相当于后世的耳棍[4]。其三，作为搭配普通发簪的坠饰。

（二）葬玉用瑱

瑱在古人社会中还有一项很特殊的功用便是葬玉制度中的玉塞。玉塞又称玉窍器、九窍塞等，是流行于汉代的一种葬俗。有七窍器，是用玉塞住眼、耳、口、鼻的，还有九窍器是加上阴部和肛门的。玉塞作为丧葬形式，最早可见与战国时期河北中山王厝墓中"放在尸体嘴里的玉玲，堵鼻孔的玉鼻塞，盖在眼上的玉眼盖，耳中的玉瑱，还有手指和脚趾上的玉指盖和玉器足等"[5]。可见玉塞在战国末期已初见雏形，

① 李芽：《中国古代耳饰研究》，上海戏剧学院博士学位论文，2013年。
② 高春明：《中国服饰名物考》，上海文化出版社，2001年，第197页。
③ 崔圭顺：《中国历代帝王冕服研究》，东华大学博士学位论文，2013年。
④ 洪晓婷：《"瑱""珥""珰"考辨》，《语言研究集刊》2014年第1期。
⑤ 汪莱茵：《西汉中山靖王刘胜的金缕玉衣》，《故宫博物院院刊》1980年第2期。

而玉塞使用的鼎盛时期则是西汉。

通过梳理西汉时期的葬玉制度可知，西汉早期玉塞并不完整，只有一两件，最多不超过7件，如江苏徐州九里山刘和墓出土七窍器。西汉中期出现了玉塞制度建成，已有完整的九件陪葬，如河北满城汉墓出土了九窍器[①]。西汉后期至东汉，各诸侯国开始越制，玉衣数量增多，玉塞数量逐渐减少[②]。

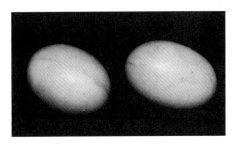

图四　陕西咸阳汉阳陵出土鸡蛋形玉瑱

现出土玉塞最完整的墓葬是河北满城汉墓，刘胜墓出土9件。从已经考古发掘出土的玉塞可知九窍塞的形状：眼塞又称眼帘，圆角长方形；鼻塞为圆柱形；耳塞为八角锥体形或圆柱形；口塞如新月形，有突起；肛塞为椎台型，两端粗细不同；阴塞男性为一短玉琮形，一端封闭，女性为一短尖首圭形[③]。

其中，瑱出土实物的制作材料不止玉石一种，包括了玉、石、琉璃、琥珀等。形状有八棱柱状、圆柱状、鸡蛋形（图四）、圆台形、钉帽形等，主要是圆柱形。尺寸皆与北京大葆台汉墓出土玉瑱相似，长度约1～2厘米，一头大一头小，为了将其方便放置于外耳道中。《礼仪·士丧礼》载："瑱用白纩。"《逸周书集训·器服第七》载："斧巾，玄缋绥，缟冠素纰，玄冠组，武卷组缨，象琪，缋瑱……"两篇史料中记载瑱的材质，"纩"与"缋"都是纺织物，纺织品作为有机质文物对埋藏环境极为苛刻，因此也不排除还有纺织物制作的瑱，因地下埋葬完全腐朽，至今不存。

西汉墓葬等级森严，葬玉数量极多、品种多样，概括起来可以归纳几个大类，包括：玉衣、玉覆面、玉璧、玉枕、玉手握、玉琀、玉九窍塞等。葬玉作为专门殓葬尸体使用的玉器，起源可上溯至新石器时代的玉敛葬[④]，至商周时期发展出玉琀、玉覆面（图五）等形制[⑤]，西汉时期葬玉制度逐渐成熟，九窍塞（图六）等成建制的丧葬玉器不断涌现。西汉葬玉制度的盛行与其社会信仰黄老之学的流行密不可分。

西汉初年，统治阶级为了休养生息、恢复农桑，大力推行黄老之学的无为而治。汉武帝时期尽管董仲舒主持的"罢黜百家，独尊儒术"名义上是将儒家学说推上了政治舞台，但是其学说并非战国时期的儒家学说，而是杂糅了黄老之学与谶纬之学形成的符合汉代统治阶级布政思想的新儒学。董仲舒的新儒学中也倡导"天人感应""君权神授"等天人合一的思想，这与黄老学说中羽化升仙的思想不谋而合。在丧葬中就

①　石荣传：《两汉诸侯王墓出土葬玉及葬玉制度初探》，《中原文物》2003年第5期。
②　石荣传：《三代至两汉玉器分期及用玉制度研究》，山东大学博士学位论文，2005年。
③　佘一兵：《试论我国古代的丧葬玉》，中央民族大学硕士学位论文，2005年。
④　汪遵国：《良渚文化"玉敛葬"述略》，《文物》1984年第2期。
⑤　袁胜文：《玉石覆面研究》，《中原文物》2009年第3期。

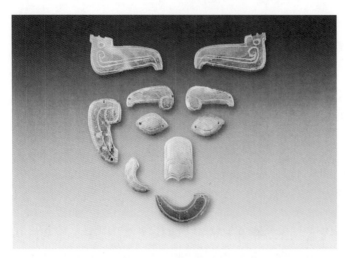

图五　陕西扶风黄堆老堡子西周墓出土玉覆面

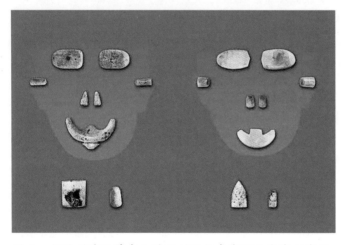

图六　河北满城汉墓中山靖王刘胜与妻窦绾九窍塞示意图

愈发信奉"事死如事生"的思想，因为人们认为人死之后并未消失，而是灵魂飞升到达天界，生前使用的东西应该尽数带走，以备到另一个世界继续生活。

葛洪的《抱朴子内篇·对俗》中云："金玉在九窍，则死人为之不朽。盐卤沾于肌髓，则脯腊为之不烂。况于以宜身益命之物，纳之於己，何怪其令人长生乎？"葛洪作为东晋时期研究道教神仙方术最有代表性的人物之一，其追求长生不老之术的许多著作也被当时的统治阶级所认同。东晋时的道家脱胎于西汉玄学，在当时人看来用玉塞堵住尸体的九窍，就像卤腊肉一样都是可以将肉身长久保存、不会腐烂的常识。在道家思想中玉石是天地山川的精华灵秀，还给其赋予了许多含义，活人佩玉可明德避邪，死人佩玉可护体升仙。在《释名·释耳饰》中对瑱作为装饰物的含义有记载："瑱，镇也。悬珠当耳旁，不使妄听，自镇重也。"而瑱作为镇的含义应也或多或少的应用在了丧葬的情况下，用玉瑱塞住耳朵，在古人的思想中也有使灵魂镇静、安定的作用。

从出土情况看，玉塞大多伴随玉衣出土，应该属于玉衣的组成部分[①]。北京大葆台汉墓的玉瑱出土于二号墓，而一号墓中曾出土有两个玉匣（玉衣）残片（图七），因为两座墓葬都有盗掘和火烧的痕迹，被盗扰较为严重，没有玉匣残片的出土，因此不

---

① 佘一兵：《试论我国古代的丧葬玉》，中央民族大学硕士学位论文，2005年。

可判断二号墓的女尸是否也使用了玉衣下葬。

三　结语

玉瑱作为一种耳饰在中国历史上流传了2000多年，最早是配合簪笄使用的坠饰，后作为冕冠上的佩饰以其警醒帝王不妄听的象征意义得以延续。而其在汉代拥有了几百年短暂的葬玉功用，这与汉代事死

图七　北京大葆台汉墓一号墓出土玉匣残片

如事生、修身飞仙的丧葬思想有着直接的联系。瑱的材质主要以玉石为主，但仍有其他材质如琉璃、琥珀、丝织物等。北京大葆台汉墓出土的玉瑱作为汉代葬玉九窍塞的实物印证，拥有较高的历史研究价值。

参考文献

[1] 大葆台汉墓发掘组、中国社会科学院考古研究所编：《北京大葆台汉墓》，文物出版社，1989年。

[2] 李芽：《中国古代耳饰研究》，上海戏剧学院博士学位论文，2013年。

[3] 高春明：《中国服饰名物考》，上海文化出版社，2001年。

[4] 崔圭顺：《中国历代帝王冕服研究》，东华大学博士学位论文，2013年。

[5] 洪晓婷：《"瑱""珥""珰"考辨》，《语言研究集刊》2014年第1期

[6] 汪莱茵：《西汉中山靖王刘胜的金缕玉衣》，《故宫博物院院刊》1980年第2期。

[7] 石荣传：《两汉诸侯王墓出土葬玉及葬玉制度初探》，《中原文物》2003年第5期。

[8] 石荣传：《三代至两汉玉器分期及用玉制度研究》，山东大学博士学位论文，2005年。

[9] 佘一兵：《试论我国古代的丧葬玉》，中央民族大学硕士学位论文，2005年。

[10] 汪遵国：《良渚文化"玉敛葬"述略》，《文物》1984年第2期。

[11] 袁胜文：《玉石覆面研究》，《中原文物》2009年第3期。

舞在礼乐风雅间
——玉舞人

徐　超

　　《诗经·大序》里说："情动于中而行于言，言之不足，故嗟叹之，嗟叹之不足，故咏歌之，咏歌之不足，不知手之舞之足之蹈之也。"生活在秦汉时代的人们认为，当一个人内心的情感积淀到用语言乃至歌唱都难以充分表达时，就会情不自禁地通过手舞足蹈来抒发。正是在这种审美理念的陶冶下，中国古代舞蹈的艺术在经历过春秋战国时期的礼崩乐坏后，于汉代达到了一个前所未有的高度。以"袖巾舞""盘鼓舞""巴渝舞"为代表的汉代舞蹈不仅沉醉了一个时代，也让后世的文人墨客们为之倾倒。可惜的是，千年的时光耗尽了太多的东西，曼妙的"汉舞"没有能流传后世，仅仅留下诗文里的赞美与嗟叹。在很长一段时间里，后人只能通过咬文嚼字去浮想联翩。然而，再绘声绘色的言语描述也与美丽隔着距离。

　　所幸的是，今天的人们可以通过画像石、陶舞俑、玉舞人等考古资料看到汉代舞蹈的韵味、感受那个时代的美丽。1974年，北京大葆台汉墓出土的一件玉舞人佩就是其中的佼佼者。此件玉舞人，长5.12厘米，宽2.53厘米，厚0.48厘米，通体白玉材质，以透雕镂空技法双面阴刻而成。工匠们别出心裁，于美人五官处着墨不多，只用几条短阴线勾勒，而是将更多的心力放在了衣、袖的雕琢上，多采用曲线，巧妙刻画出一个轻舒广袖、微折柳腰、长裙拂地的美人形象。袅袅长袖，纤纤细腰，飘绕萦回的舞姿变幻无方，如浮云，似流水，以一种飘逸灵动之美吸引人久久凝视。那"裙似飞鸾，袖如回雪"的律动仿佛能牵引着你的心神于时光的长河里溯流而上，翩翩起舞（图一）。

一舞楚歌起

　　公元前195年，刚刚平叛归来的汉高祖刘邦身体状况每况愈下，迫切希望重新择定帝国的继承人。高祖晚年宠爱戚夫人，想要废掉吕后所生太子刘盈，改立戚夫人之子赵王如意。可是，此举遭到了大臣们的极力劝谏，再加上留侯张良为吕后出谋划策，最终未能成行。在一次酒宴中，刘邦特意召来戚夫人，指着太子的辅臣对她叹息道："（太子）羽翼已成，难动矣。吕后真而主矣。"听罢，戚夫人潸然泪下，高祖于是说："为我楚舞，吾为若楚歌。"情之所至，高祖的楚歌唱了好几遍，夫人的楚舞在"嘘唏流涕"里结束，一场盛大的酒宴最终不欢而散。或许那一刻的戚夫人已经看到了夺嫡失败后的悲惨命运。

关于戚夫人，《西京杂记》记载道："高帝戚夫人，善鼓瑟击筑。帝常拥夫人倚瑟而弦歌，毕，每泣下流涟。夫人善为翘袖折腰之舞。"想来，高祖"泣下流涟"的场景当是他废立太子失败后的真情流露，而戚夫人在那次酒宴里所跳的楚舞就是"翘袖折腰之舞"。浪漫的爱情故事以及悲惨的人物命运，使得人们说起"翘袖折腰舞"定会想到高祖戚夫人，久而久之，人们习惯就用此名称呼汉代的袖

图一　北京大葆台汉墓出土玉舞人

巾舞。北京大葆台汉墓出土的这件玉舞人——身穿交领长衫，细腰束带，身体略微侧弯，双袖修长，一袖扬过头顶，另一袖支在腰间，作卷云状。长裙曳地，长袖飘逸，姿态曼妙——就是"翘袖折腰舞"的典型舞姿。

戚夫人为高祖"楚舞"的这一年是大汉开国的第七个年头，距离秦灭楚之战已过去29年。楚国虽亡，楚舞、楚歌还在汉帝国的宫廷里浪漫。从某种角度来看，汉王朝虽然在政治上承袭了秦朝制度，在文化上却吸收了更多的楚国色彩。鲁迅先生在《汉文学史纲要》里说："楚汉之际，诗教已熄，民间多乐楚声。刘邦以一亭长登帝位，其风遂披宫掖。盖秦灭六国，四方怨恨，而楚尤发愤，誓虽三户必亡秦，于是江湖激昂之士，遂以楚声为尚。"比如高祖领略时代的《大风歌》就是一首并无文饰的楚辞体歌谣。

其实，"民间多乐楚声"并非仅始于楚汉之际，此风早在先秦时期就开始蔓延。中国历史自进入东周以后，春秋五霸迭兴、战国七雄并列，周天子地位渐失，西周时所建立的礼乐制度名存实亡，是谓"礼崩乐坏"。起初，诸侯、大夫争相僭越天子礼乐，于是孔子对春秋鲁国大夫季恒子"八佾舞于庭"的行为强烈愤慨："是可忍也，孰不可忍也。"后来，随着社会的发展，长期用于礼仪祭祀的西周宫廷雅乐逐渐与时代脱离，成为一种过气的舞蹈形式，失势于民间乐舞。精通音乐的魏文侯就曾向子夏（孔子门徒）询问："我穿好礼服郑重其事的听古乐，唯恐打瞌睡。但是听郑卫之音，一点也不知疲倦。请问，为什么听古乐会那样子，听新乐会这样子？"再后来，那个爱听吹竽的齐宣王更是坦言道："寡人今日听郑卫之音，呕吟感伤，扬激楚之遗风""寡人非能好先王之乐也，直好世俗之乐耳"。连君王们都喜爱民间乐舞，更不

用说普通百姓了。正是在这种世俗乐舞渐盛的浪潮下，楚舞登上了历史舞台。

所谓楚舞，是指战国晚期流行于楚国的一种舞蹈形式，它以婉转流美的艺术形式和富于遐想的浪漫色彩，有别于庄严肃穆的中原宫廷雅舞，凸显出独特的艺术感染力，对后来的汉代舞蹈产生了深远影响。楚舞本身带有浓郁的荆楚地域特色，受到荆楚"巫风"的影响。楚国重祭祀，而祭祀时必定要奏乐歌舞来娱乐鬼神。《楚辞·九歌》当中就有不少描写楚国宫庭之上祭祀歌舞况的华丽辞藻，如"灵偃蹇兮姣服，芳菲菲兮满堂"。"灵"指的是巫，"偃蹇"二字是形容巫在舞蹈中的"委曲婉转"的折腰动作。至于"折腰"，在楚国折的则是细腰。楚地本有长袖细腰、长裙曳地的流行风尚，加上出了一位"楚王好细腰，宫中多饿死"的楚灵王，使得宽袖细腰风俗更为大行其道。《楚辞》里"小腰秀颈""长袂拂面"的美色描写就是这种审美理念的生动体现。

公元前202年，出身楚国故地的刘邦统一天下，建立大汉王朝。史载："高祖乐楚舞。"曾经风靡楚地的舞蹈，也随着汉高祖一同进入了帝国宫廷——天下人的眼里，跳跃出新的颜容。

一舞君王意

公元前87年，汉武帝刘彻驾崩于五柞宫，大将军霍光"缘上雅意，以李夫人配食，追上尊号曰孝武皇后"。这位雄才大略的皇帝在位期间汉帝国达到了鼎盛。他不仅文治武功甚于先祖，于感情方面也更为多情。在刘彻众多的女人中，最宠爱的是一位同样擅长舞蹈的女子——李夫人，史书形容她"妙丽善舞"。李夫人生前就伴着"北方有佳人，绝世而独立，一顾倾人城，再顾倾人国"的风姿而备受荣宠，死后更是特许以"后礼"安葬。汉武帝对她一直念念不忘，不仅尊宠其家，甚至还请方士施法企图沟通阴阳、人鬼相见。霍光洞悉武帝的心思，所以才会在武帝驾崩时，对李夫人追尊皇后、配享祭祀。

其实，在汉代宫廷里像李夫人这样凭舞技卓绝取得荣宠的姬妾不在少数，汉高祖的宠姬戚夫人、汉宣帝的母亲王翁须都是此类。至于被后世列为"燕瘦环肥"之一的赵飞燕更是凭借"身轻若燕，能做掌上舞"的特殊本领独宠于汉成帝，有记载说"赵后腰骨纤细，善踽步行，若人手持花枝，颤颤然，他人莫可学也"。

正所谓上有所好，下必甚焉。在我国古代，帝王们的爱好往往能决定整个社会的风气。"齐王好紫衣，国中无异色；楚王好细腰，宫中多饿死"，就是这一现象的生动写照。在汉代，由于统治者的喜好，使得从楚舞发展而来的俗乐舞风靡整个社会。宫廷之中，有专门设立的"乐府"机构进行采集民间乐舞加工创造的工作。宫廷之外，贵戚富豪争相圈养女乐。《盐铁论》就记载到："今富者钟鼓五乐，歌儿数曹。中者鸣竽调瑟，郑舞赵讴。"甚至连京城里的寻常女子也因为舞蹈而流行"折腰步者，足不在体下"的走路姿态。可以说，汉代俗乐舞凭借十足的魅力，一改雅乐舞昏昏欲睡的状态，以楚、汉文化相结合的浪漫、天真、质朴的风格盛行四百年，铸就了汉代俗乐舞的文化辉煌。

汉舞源于楚舞，又炯于楚舞。若是将北京大葆台汉墓的玉舞人与战国时期出土的玉舞人两相比较，不难发现汉代玉舞人的长袖更飘逸、腰肢更弯折，整体造型更为飞扬。造成此种差别的主要原因是汉代玉舞人依托于汉代蓬勃向上的社会风气，它不仅吸收了南方的娟秀婀娜，也融合了北方的豪放张扬，正如东汉傅毅在《舞赋》里所说"于是蹑节鼓陈，舒意自广。游心无垠，远思长想"，汉代翘袖折腰舞具备一种难以比拟的艺术想象之美。

当然，从社会生产力的发展角度来看，汉舞也带有时代进步的特点。比如玉舞人的服饰。由于战国时期只有裤筒，所以流行曲裙深衣。这种服饰虽能表现女性的曲线美，却限制了下肢的动作幅度。到了汉代，随着服饰发展，曲裾深衣逐渐被直裙深衣所取代，舞者的双腿得以充分解放。且看北京大葆台汉墓出土的玉舞人，深衣直裾，长裙曳地，能够想象到她舞态生风的美丽。再比如服饰的材质上。当时的谚语说："长袖善舞，多钱善贾。"为了使舞动的双袖更加飘逸、灵动，玉舞人所穿长袖舞服材质大多以柔顺、舒滑的丝织品为主。得益于丝绸生产工艺的进步，身着罗縠的舞者犹如精灵，在汉赋里跳出了"曳罗縠之舞衣，呈洒骚以朝翔"的优美、"罗衣从风，长袖交横"般秀逸。

一舞成仙念

公元前80年，在武帝死后的第七年，封于帝国北方的燕剌王刘旦因为再度谋反被汉昭帝赐书自绞谢罪。这位统治燕地（今北京地区）长达38年的诸侯王早在汉武帝晚年就显露出不臣之心。当时，武帝年迈病重，而巫蛊之祸余烈仍在；帝国继承人未定，自负为皇长子的刘旦迫切向武帝上书，请求宿卫长安、以备不虞。武帝看出刘旦自荐太子、谋取皇位的野心，下旨重责，并从此厌恶刘旦而改立昭帝刘弗陵。后来，毫无悔改的刘旦又在昭帝即位初年企图举兵叛乱，事情败露后被昭帝念及骨肉亲情而特赦。怎料，燕王仍然贼心不死，一直秘密串联朝臣积极谋反，最终落了个自缢而亡的下场。

在刘旦死前，曾在燕国的王宫里大宴宾客，酒宴上的刘旦因谋反不成而忧愁愤懑，于是动情高歌，座下他最宠爱的华容夫人为之起舞，并附和道："发纷纷兮渠，骨籍籍兮无居。母求死子兮，妻求死夫。裴回两渠间兮，君子独安居！"空虚凄婉的歌声配上曼妙哀伤的舞蹈，感染了在座的所有人。可惜，在燕王的心中，只想看他的宠姬在长安城的宫殿里跳翘袖折腰舞，一如武帝、高祖那般。刘旦因谋反而身死国除，朝廷定谥号"刺"。所谓"刺"，《谥法解》：愎恨遂过曰刺，不思忘爱曰刺。

昭帝虽废除了燕国，却赦免了燕国吏民以及燕王太子刘建。六年之后，汉宣帝即位，重新册封庶民刘建为第一代广阳王，刘建在位29年，死后朝廷定谥号为"顷"。"顷"者，《谥法解》：敏以敬慎曰顷。不难判断出，由于父亲的缘故，广阳王刘建的一生是夕惕若厉、谨小慎微的，他没有做任何逾制的事情，只安于做一个太平年月里的诸侯王，所以才被重新封为诸侯王，死后又得了一个广阳顷王的谥号。2000年后，刘建的陵墓在北京市南郊被考古人员发现，是为大葆台汉墓。这座王陵除了首现的完整汉代"黄肠题凑"葬制之外，还出土了一件极其精美的玉舞人。

或许受到了他的父亲燕刺王刘旦的影响，但更有可能是深受那个时代社会风尚的熏陶，广阳王刘建对于翘袖折腰舞也情有独钟，所以他王后的陵墓里陪葬了这件玉舞人。在汉代人的思想观念里，玉具有保护尸体不腐从而得以永生的作用。北京大葆台汉墓的玉舞人所用之白玉在西汉中晚期更是被认为具备比其他颜色玉料更好的通灵效应。汉代自汉武帝效仿秦始皇求仙访药后，西王母及其所在的西域昆仑山成为时人心向往之的仙境，出自西域和田的白玉也被赋予了更多的神力，人们相信它与西王母掌管的不死秘密紧密相连。于是汉武帝之后，汉代人对白玉极度追捧和推崇，能够以白玉陪葬，足见死者身份地位之高贵。

此外，以白玉为材质雕刻翘袖折腰的舞人，除了直接反映人们对于袖巾舞的喜爱之外，还能够折射出汉代人羽化成仙的思想。从某种程度来说玉舞人是当时人们仙女形象的一种幻化。翘袖折腰舞以长袖作为最引人注目的舞蹈形态，飘绕萦回的衣袖，是舞者身心的延续，犹如一双翅膀能够助人羽化飞仙。而玉舞人所定格的那妩媚曼妙的折腰姿态，呈现出一种别样的角度，仿佛随时能够腾云飞舞。尤其是北京大葆台汉墓出土的这件长袖更飘逸、腰肢更弯折的玉舞人最能凸显这一特点。比较而言，西汉初期的玉舞人承袭战国晚期风格，对舞人的面容、衣饰刻画细腻，如广州南越王右夫人随葬组玉佩中的玉舞人。到了北京大葆台汉墓玉舞人所在的西汉中晚期，虽然题材上无甚变化，但是工艺明显趋简，雕琢工艺更加简练，抽象之美更为突出。

当然，玉舞人作为组玉佩中的一件最重要的功能还是用于佩戴。北京大葆台汉墓出土玉舞人上下端各有一孔，就是方便佩戴。玉温润而富有光泽，自周代以来，玉又被赋予强烈的道德色彩，"古之君子必佩玉""君子无故不去玉"。物华天宝与人格内涵的结合使得佩玉成为身份与等级的象征。在汉代，贵族女人最流行的配饰就是玉舞人。这不仅是因为风靡当世翘袖折腰舞的直接反馈，同时也有从设计和佩戴便利上考虑。倘若将玉佩中的舞人形象设计为挥舞长袖的造型，其放射性的舞姿必然锋芒毕露，这既有碍于携带，又容易损坏。而"翘袖折腰"的固定造型如同适合纹样一般在整体几何形的基础上进行雕镂装饰，不但为雕刻提供了方便，而且这一凝聚的造型更加经久耐用。

一舞汉风远

公元190年正月，15岁的汉少帝刘辨迎来了生命中的最后一支舞。当时，少帝已经被权臣董卓废为弘农王，但董卓仍担心刘辨成为别人讨伐自己的大义，于是派手下向少帝进献毒酒。自知在劫难逃的刘辨只好与爱妻唐姬及随从宫人饮宴诀别。在酒宴上，弘农王不禁悲歌道："天道易兮我何艰！弃万乘兮退守蕃。逆臣见迫兮命不延，逝将去汝兮适幽玄！"接着，又令唐姬起舞，于是唐姬抗袖而歌。在看完人生最后一支翘袖折腰舞之后，弘农王言别唐姬，饮鸩而亡。从某种程度来说，唐姬所跳之舞也是汉王朝最后一支翘袖折腰舞，这一年虽然距离曹丕篡汉还有整整30年，但刘辨的弟弟——汉献帝——只不过是别人手中的木偶，大汉王朝早已名存实亡。

没有不死的皇帝，也没有不灭的王朝。汉朝虽亡，博大精深的汉文化却流进了我们这个民族的血脉里，那个雄浑开阔时代所创造的灿烂文明依然值得后来人细细研究、慢慢品味。仅以1974年北京大葆台汉墓出土的玉舞人来说，一枚小小的玉舞人集汉代玉器文化、舞蹈文化、服饰文化、雕刻艺术于一体，恰如一面棱镜，绚丽多彩地折射出汉代文化与艺术的时代魅力，令人目不转睛。

傅毅《舞赋》有句曰："论其诗不如听其声，听其声不如观其形。"观玉舞人之形，宛若时光长河里的美人，只一舞的风情，翩若惊鸿、婉若游龙，纵然百载千年过去，也能填满你的眼眸、沉醉你的笑容。

参考文献

[1] 卢兆荫：《汉代贵族妇女喜爱的佩玉——玉舞人》，《收藏家》1996年第6期。

[2] 陈才训：《汉帝王后妃楚歌艺术特色成因浅谈》，《青海师专学报（社会科学版）》2002年第6期。

从漆纚纱冠看汉代首服文化

赵芮禾

一 北京大葆台汉墓漆纚纱的出土与同时代出土物的对比

漆纱作为首服的制作材料，在中国古代有很长的流传时间，其中流行于两汉时期的漆纱又名漆纚纱，"纚"意为束发之帛。本质是将拥有流动性的大漆施涂在用丝线或麻线编制的织物表面，形成较为坚硬的外壳，可将柔软的织物制成拥有一定固态强度的发冠原材料，外观呈现出较为均匀而稀疏的孔状，有四边形，有多边形。这种发冠原材料在古代是一种昂贵的织物品种，两汉时期的漆纚纱达到了工艺水平的巅峰。至今通过考古发掘出土的两汉时期漆纚纱数量较多，为研究汉代漆纚纱手工业与首服文化提供了丰富的实物资料。

（一）北京大葆台汉墓漆纚纱的出土情况

北京大葆台汉墓一共出土了两个类别的漆纚纱残片，"分粗细两种：一种每平方厘米20×20目，厚0.16毫米，另一种每平方厘米18×18目，厚0.11毫米"[①]。根据参与发掘整理工作的专家认为，虽然湖南长沙马王堆汉墓与甘肃武威磨咀子汉墓都出土了较为完整的西汉漆纚纱，但是从"漆纱的细密程度而言，却都不能和这两件残片相比"[②]（图一）。

两个漆纚纱残片都出土于一号墓内棺北端，属于墓主内棺的陪葬物。从现在掌握的同时期漆纱出土情况探讨，此漆纱残片应为墓主刘建头戴的首服漆纱冠，而具体是哪一种漆纱冠的形制，因残损严重已无法复原，而后做相应对比推测。出土时另有组带和漆纱残片相毗连，说明应是冠上的附属物——组缨，即冠的带子。它的发现为组的定名和识别，提供了肯定的证据[③]。

北京大葆台汉墓出土的漆纚纱在出土之初做了显微镜的断面观察，依稀可看到包裹在漆皮之下内部丝结构的残存（图二、三）。因为经过特殊的工艺处理，漆纱表面

---

① 北京市大葆台汉墓博物馆编：《大葆台汉墓文物》，文物出版社，2015年，第91页。
② 大葆台汉墓发掘组、中国社会科学院考古研究所编：《北京大葆台汉墓》，文物出版社，1989年，第58页。
③ 北京市大葆台汉墓博物馆编：《大葆台汉墓文物》，文物出版社，2015年，第92页。

图一　北京大葆台汉墓出土漆纚纱残片

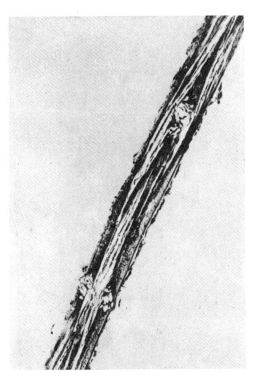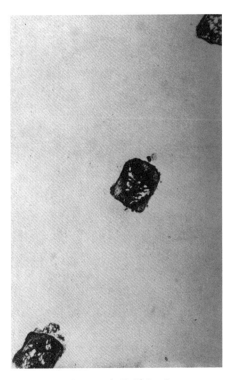

图二　漆纱纵切面　　　　　　　　图三　漆纱横切面

光滑，内部黑漆流向平缓，粗细均等，包裹在丝线外部的漆皮横切面仍然保持着较为规整的圆滑矩形。

（二）西汉漆纚纱的对比

中国是世界上最早使用漆的国家之一，用在生漆之内的胎多以木质为主，漆器的制作小至食器大至礼器、车马器等都有体现。北京大葆台汉墓所处的汉代正是我国漆器工艺最初发展繁荣的一段时期，战国至西汉末这数百年的时间内，髹漆一业受到官府的支持，得以迅速传播开来。

考古发现的漆纱以黑色为主，包括马王堆汉墓、大云山汉墓、大葆台汉墓等。最新山东齐故城遗址出土的漆纱为朱红色，这在考古发现中属于个例，装饰时使用何种黏合剂，朱砂的矿物颜料如何使用都有待考证①。目前考古出土汉代漆纚纱的墓葬主要有湖南长沙马王堆3号墓（图四）、江西南昌海昏侯墓（图五）、北京大葆台汉墓（图六）、山东日照海曲西汉墓、湖北江陵凤凰山168号汉墓、广西贵县罗泊湾汉墓、广州南越王汉墓、江苏盱眙大云山汉墓以及甘肃武威磨咀子汉墓（图七），其中除了磨咀子汉墓为东汉时期墓葬之外，其余八座皆为西汉时期墓葬。而长沙马王堆三号墓与武威磨咀子汉墓出土的漆纱冠较为完整，都保留了基本冠型，且根据发掘报告显示武威磨咀子汉墓出土的两件漆纱冠都分别佩戴在墓主头上②，因此可以推测漆纱冠的大体形制与佩戴方式。

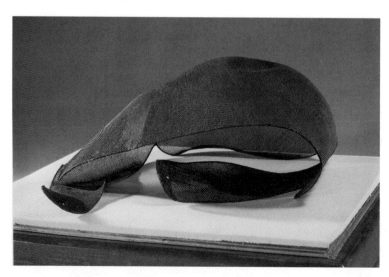

图四　湖南长沙马王堆3号墓出土漆纱冠

---

① 王丹、李则斌：《大云山汉墓出土漆纱研究兼论楚系漆纱冠》，《东南文物》2017年第4期。
② 甘肃省博物馆：《武威磨咀子三座汉墓发掘简报》，《文物》1972年第12期。

图五　江西南昌海昏侯墓
　　　出土漆纱局部

图六　北京大葆台汉墓
　　　出土漆纱

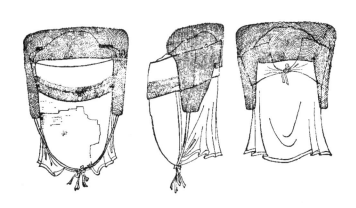

图七　甘肃武威磨咀子62
　　　号汉墓出土漆纱冠
　　　佩戴示意图

二　漆纚的制作技艺

漆纱冠又名"漆纚冠"，是一种中国传统以丝质织物满饰生漆的束发之冠。汉代大多数漆纱冠虽名为纱，实则并非经纬线交织结构，而是以经编组为饰漆基础的织物。现今出土的髹漆纺织品几乎全以丝麻手工编织物为基底，生漆附着的纺织品更易成型且坚固[①]。

《礼仪·士冠礼》中曾有记载："缁纚，广终幅，长六尺。"郑玄注："纚，今之帻梁也；终，充也。纚一副，长六尺，足以韬发而结之矣。"[②]东汉郑玄注说漆纚在汉代式作为裹束头发用的物品，而东汉时漆纚的制作尺幅是六尺长，汉代一尺约和现在的23厘米，因此东汉漆纚一副长为138厘米。

髹漆工艺在我国有几千年的生产利用，大多数战国至两汉时期的漆器多为木胎，小到食具、乐器，大到殿台、车船等都有不同程度的体现。制作多是用生漆混合桐油，或是加入不同的染料，如朱砂等，刷在器物表面，桐油的适量加入会增加生漆的流动性，如若适用于丝织物则会增加丝的拉伸性能[③]。漆纚就是将漆涂施在丝织物上得到的产物。

古人在器物表面施漆主要有四个方面的作用：第一，丝织物髹漆后可增加硬度，方便定型。第二，提高器物的耐磨性。第三，改变器物颜色。第四，器物髹漆可防水[④]。

对于漆纚纱冠的制作，今人有不同的研究，有的学者认为是将编结好的丝织物罩在模具上，再施漆加工，定型成冠[⑤]。有的学者认为是采取自上而下的悬挂编织法，按照预先设计的尺寸与密度，从冠顶开始向冠体编织[⑥]。

漆纚纱虽然取名为纱，但是根据目前所出土的汉代漆纚残片，内部结构多为一种称之为"组"的经编织物。这种织物的编织方式极为复杂，但是拥有极强伸缩性的特征。"组"又名"纂组"，分为单层组与复合组，如果单独使用的情况下是服饰中系带、冠缨、鞋带的重要组成部分，在古代传统服饰中属于高级的织物。据史料《汉书·景帝纪》记载汉景帝下劝农之诏书说"雕文刻镂伤农事也，锦绣纂组害女工也。农事伤则饥之本也，女工害则寒之原也。一夫不耕天下有受其饥者。一妇不蚕天下有受其

---

① 周旸：《丹漆纱和素麻——临淄齐故城出土纺织品的一些认识》，《丝绸》2015年第8期。

② 《十三经注疏》整理委员会：《十三经注疏·仪礼注疏》，北京大学出版社，1999年，第25页。

③ 杨舒涵、田雨、李美梅、孙庆垒、方晓阳：《不同油漆比对髹漆丝织物拉伸性能和结晶度的影响》，《蚕业科学》2019年第2期。

④ 王厉冰：《我国古代漆艺及丝织品的髹漆整理技术》，《丝绸》2008年第8期。

⑤ 大葆台汉墓发掘组、中国社会科学院考古研究所编：《北京大葆台汉墓》，文物出版社，1989年，第128页。

⑥ 王厉冰：《基于海曲汉墓出土实物的汉代漆纱研究》，东华大学博士学位论文，2008年。

寒者"①。因为织锦刺绣编制组带都是复杂费时的高等级丝织制品，汉景帝呼吁百姓要从事以可以解决温饱的女工为主，而非专注于锦绣纂组使自身受寒。可以明确知晓，尽管纂组只是一个作为系带或穗饰的装饰品，在汉代时仍然是只能供贵族等级享用的高档丝织品。

漆纚纱是将漆涂施在珍贵的纂组之上制作而成的，通过现存的漆纚观察，使用的纂组多为

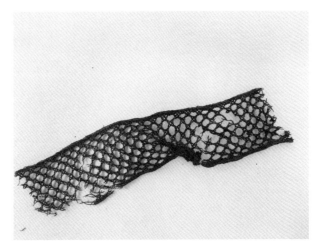

图八　北京大葆台汉墓出土组带

单层组，可保证织物间空隙的透气性。大葆台汉墓中与漆纚纱残片配套出土有一件纂组系带，其组织结构十分清晰复杂，为一般纂组的复合形式，是我国出土的唯一一个复合纂组（图八）。出土时组带和漆纱冠残片相毗连，说明应是冠上的附属物——组缨，即冠的带子②。

三　汉代首服文化

中国古代的服饰文化非常重视头部的装饰，汉代时笠、帽、冠、巾、帻等首服形式层出不穷。因为汉代统治阶级重视儒家的礼制，因此对于首服的选择上也形成了较为系统的礼制规定。

汉代的首服与所服者的身份地位都有较密切的关系，汉代男子束发，只有少数可以在出土形象中看到露髻者，极为少见。草民出门带笠，御寒时用帽，但是汉代更为重视冠冕，帽和笠都是普通劳动人民所佩戴。而漆纚纱冠制作工艺复杂，更是高等级贵族官吏等才可佩戴。

冠在中国古代士以上阶层中占有极大的地位，士以上阶层的男子20岁行冠礼而为成人，行冠礼是他们一生中的头一件大事，所以《礼仪》的头一篇就是《士冠礼》。冠多以缁布、缟素、漆纚等织物制作③。

①　班固：《汉书》卷五，中华书局，1964年，第151页。
②　北京市大葆台汉墓博物馆编：《大葆台汉墓文物》，文物出版社，2015年，第92页。
③　孙机：《汉代物质文化资料图说》，文物出版社，1990年，第229页。

图九　湖南长沙马王堆出土带长冠俑图

汉代的冠制比较复杂，除了印绶制度外，首服是汉代等级区分的主要标志[①]。从现存的史料中，共记载有十八中冠：冕冠、长冠、委貌冠、皮弁冠、爵弁、建华冠、方山冠、巧士冠、通天冠、远游冠、高山冠、进贤冠、法冠、武冠、郊飞冠、却敌冠、樊哙冠、术士冠。这些首服与"官爵等地密切相关"[②]。

不同的首服对应不同职位等级的官吏贵族，其中史料记载中明确表示使用漆纚制作的冠只有长冠、法冠。《后汉书·舆服志》载："长冠，一曰斋冠，高七寸，广三寸。促漆纚为之，制如板，以竹为里。"[③] "法冠，高五寸，以纚为展筒，铁柱卷，执法者服之，侍御史、廷尉正监平也"[④]。

从出土实物观察，甘肃武威磨咀子汉墓出土的两件漆纱冠，其62号墓，"墓主男尸头戴漆纚笼巾，内罩短耳屋型冠。边缘裹竹圈，内有巾帻抹额，抹额系由四层平纹方孔纱粘合后模压程人字纹，涂成红色"。49号墓"男尸头戴漆纚菱孔纹的冠，周围一圈裹细竹筋，头顶另设一竹圈架，上搭纚片一条，像是汉代的进贤冠"[⑤]。湖南长沙马王堆汉墓发现漆纱冠，湖北江陵凤凰山168号汉墓出土的纱冠残件、广西贵县罗泊湾1号汉墓出土的漆纚纱残片，"这些冠以漆纚质配以竹、木和细金属丝职称，应都是武弁大冠"[⑥]。

因此，可以明确肯定以漆纚制作的汉代高等级冠式主要有三种：长冠（图九）、法冠、武弁大冠，其中以武弁大冠出土实物最多。而甘肃武威磨咀子49号墓出土的漆纚纱冠发掘报告称类似汉代进贤冠，并不能完全确认。

参考文献

[1]（东汉）班固:《汉书》卷五，中华书局，1964年。

① 贾玺增：《中国古代首服研究》，东华大学博士学位论文，2006年。
② 沈从文：《中国古代服饰研究》，上海书店出版社，2002年，第5页。
③ 范晔：《后汉书·志第三十》，中华书局，1964年，第3664页。
④ 范晔：《后汉书·志第三十》，中华书局，1964年，第3667页。
⑤ 甘肃省博物馆：《武威磨咀子三座汉墓发掘简报》，《文物》1972年第12期。
⑥ 徐蕊：《汉代男子首服的考古学观察》，《中原文物》2018年第3期。

[2]（南朝·宋）范晔:《后汉书·志第三十》,中华书局,1964年。

[3]《十三经注疏》整理委员会:《十三经注疏·仪礼注疏》,北京大学出版社,1999年。

[4] 北京市大葆台汉墓博物馆编:《大葆台汉墓文物》,文物出版社,2015年。

[5] 大葆台汉墓发掘组、中国社会科学院考古研究所编:《北京大葆台汉墓》,文物出版社,1989年。

[6] 王丹,李则斌:《大云山汉墓出土漆纱研究兼论楚系漆纱冠》,《东南文物》2017年第4期。

[7] 甘肃省博物馆:《武威磨咀子三座汉墓发掘简报》,《文物》1972年第12期。

[8] 周旸:《丹漆纱和素麻——临淄齐故城出土纺织品的一些认识》,《丝绸》2015年第8期。

[9] 杨舒涵、田雨、李美梅、孙庆垒、方晓阳:《不同油漆比对髹漆丝织物拉伸性能和结晶度的影响》,《蚕业科学》2019年第2期。

[10] 王厉冰:《我国古代漆艺及丝织品的髹漆整理技术》,《丝绸》2008年第8期。

[11] 王厉冰:《基于海曲汉墓出土实物的汉代漆纱研究》,东华大学博士学位论文,2008年。

[12] 孙机:《汉代物质文化资料图说》,文物出版社,1990年。

[13] 贾玺增:《中国古代首服研究》,东华大学博士学位论文,2006年。

[14] 沈从文:《中国古代服饰研究》,上海书店出版社,2002年

[15] 徐蕊:《汉代男子首服的考古学观察》,《中原文物》2018年第3期。

北京大葆台汉墓出土棺衣研究

赵芮禾

一 出土情况与使用功能

绛紫绢地刺绣是北京大葆台汉墓考古发掘出土的12件纺织品文物中保存最为完整、面积最大的一件，同样纹饰的刺绣残片共有2片，全部发现并出土于外棺棺底的内面南端。

两件刺绣残片，一块残长61.5厘米、宽35.5厘米；另一块残长80厘米、宽40厘米。刺绣的绢地密度是46×28根/平方厘米，绢厚0.18毫米[1]，织造紧实。整体呈现出绛紫色的色调，出土时颜色较为沉着艳丽，出土后因略有氧化，紫色减退，大面积呈现出枣红的底色，绣线从六个颜色逐渐转为以土黄色为主，可依稀看到绣线下墨书线打底稿的痕迹。

刺绣残片使用的针法为锁绣，锁绣是中国最古老的绣法之一。在平绣等技法流行之前，一直是我国"流行度最高，实用性最强，流行时间最久远的刺绣针法"[2]。从刺绣技法上来看，锁绣以绣线圈套链接而成图形，因此无论点、线、面都可以拥有完整的艺术表现。目前所出土的汉及汉代以前的刺绣文物，绝大部分都是使用锁绣针法。

因出土时被两层棺板所压，两件刺绣残片被紧密的封在两层棺底板之间，隔绝空气，在一定程度上避免了温湿度与地下微生物对纺织品文物的剧烈侵蚀，得以较好的保存下来，在地域环境几近相同的前提下，这种状况同老山汉墓出土的纺织品极为相似。但也因两层棺板的重量全部挤压在残片上，使得两片文物黏合在了一起，经过后期文物修复保护工作的进展，文物得以展开并完整的保存下来。刺绣残片分为内外两层，外层为紫色绢地刺绣，内层为绢制里衬，经过文物修复后，分而保存。

通过两件刺绣残片出土的位置推测，此文物应属于覆盖在棺材外面的棺衣组成部分。配合出土的纺织品残片还有绢条缝制的套子、类似麻织品的绳索、打成燕尾结的绢带等，都是棺衣的部分残件，相互配合使用。

---

① 大葆台汉墓发掘组、中国社会科学院考古研究所编：《北京大葆台汉墓》，文物出版社，1989年，第57页。
② 司志文、赵芮禾：《海昏侯墓出土纺织品文物保护与文化探讨》，《西市文博》第一辑，2018年，第159页。

二　刺绣纹饰解读与猜想

（一）蔓草纹的对比

按照考古发掘报告的研究，这两件相同纹饰的刺绣残片中，刺绣纹样皆属于汉代式藤本植物图案[①]。但对比参照新疆营盘墓地出土的多件汉代藤蔓植物纹饰纺织品文物，不难发现北京大葆台汉墓出土的蔓草纹刺绣残片在艺术表达上与同时期出土蔓草纹刺绣有很大区别。

新疆出土的蔓草纹刺绣残片，纹饰上拥有完整的植物特性，包括以中心点对称的放射状花卉纹样（图一），或以藤蔓为主线条不对称装饰以草叶纹样（图二）。都可以在刺绣纹饰上清晰地分辨出经过艺术加工变形的花瓣、花蕊、藤蔓与草叶。反观北京大葆台汉墓出土刺绣残片上的蔓草花卉纹，从纹饰复原图（图三）观察，无法从中分辨出基本藤蔓结构与草叶花卉的基础形状。

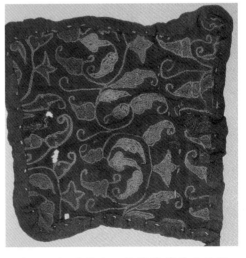

图一　新疆营盘19号墓毛绣蔓草花卉纹残片　　　图二　新疆营盘37号墓蔓草花卉纹绣

根据出土发掘报告中单位纹样的确定，"单位纹样由1条反S形为主干，两端再饰以蓓蕾和花穗构成"[②]（图四）。笔者认为单位纹饰中蓓蕾与花穗无法通过艺术变形后的纹样表现出来，竖型单位纹饰过长，菱形架构排列会使得相互对称的两边无法形成较规整的大框架，笔者通过纹样线条的疏密关系可对单位纹样重新排列（图五）。将单位纹样放置于整体纹样中，通过标红的单位纹样个体形状变化，可见其在整体纹样表现上从纵向过长到大框架变成较为规整的菱形，从而达到纹样的四方连续排序效果

[①]　大葆台汉墓发掘组、中国社会科学院考古研究所编：《北京大葆台汉墓》，文物出版社，1989年，第57页。

[②]　大葆台汉墓发掘组、中国社会科学院考古研究所编：《北京大葆台汉墓》，文物出版社，1989年，第57页。

图三　北京大葆台汉墓一号墓绛紫绢地蔓草花卉纹绣局部纹样及纹样复原图

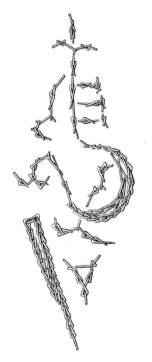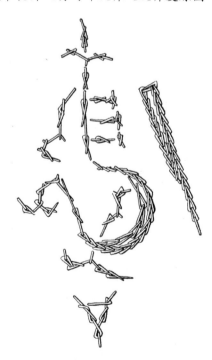

图四　绛紫绢地蔓草花卉纹绣单位纹样　　　　　图五　绛紫绢地蔓草花卉纹绣单位纹样
　　　　　（发掘报告）　　　　　　　　　　　　　　　（笔者）

（图六、七）。

按照重新定义的"蔓草花卉"单位纹样，整体线条的艺术变形与中国秦汉时期流行的"魂舟"形象颇为相似。

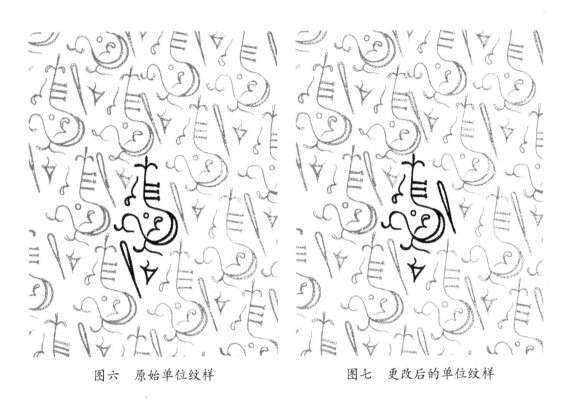

图六　原始单位纹样　　　　　　　　图七　更改后的单位纹样

（二）魂舟意义的新猜想

战国时期中山国王厝墓曾出土6条随葬船只，而位于河北省境内的中山国是由北方白狄族建立，不临河海，国家经济以农牧业为主，并非渔猎。随葬船只的出土不同于传统意义上的车马坑，包含了先秦时期某些丧葬思想的演变。

出土于湖南长沙子弹库1号楚墓的帛画《人物御龙图》（图八）正是这种丧葬思想的体现。画面中心一高冠男子着广袖曳地深衣，双手持缰绳，驾驶一条巨龙前进，头顶一散状带流苏华盖，巨龙尾端站立一仙鹤，龙腹部一条游鱼于巨龙前行方向相同。传统学者多将此帛画解读为墓主的灵魂驾驶龙舟飞升天界的含义，正是"龙形魂舟"在考古实物中的初现。

由此可见，早在先秦时期魂舟的概念就已经在丧葬文化中有所体现，进入"两汉，墓葬中出土的舟船明显增多，从尺寸规模上看，他们很显然都属于随葬模型明

图八　《人物御龙图》帛画

器"①。汉代因为黄老之学在上层统治阶级的流行，使得文化中极为重视天地形成等道家哲学思想，集中体现在葬俗中就形成了天、地、人三界的概念。人死之后，肉体归于土地，灵魂驾车飞仙。"升仙的工具很多，代表性的有龙、凤、龙车、鹿车、羊车等"②。按照这种人死飞仙的思想，"死亡实际上提供了达到永恒幸福的另一种途径"③，这种死亡观给汉代人带来了极大的心理安慰。

　　将《人物御龙图》与北京大葆台汉墓出土"蔓草纹"刺绣残片的单位纹样图分别以线图形式展现，可以通过对比清楚地了解两幅纹饰的线条架构。将大葆台"蔓草纹"刺绣残片在发掘报告中图像水平翻转，并描绘成线条图，可发现大葆台"蔓草纹"残片的纹饰拥有《人物御龙图》中所有现实图像：曲状龙舟、华盖、人物、仙鹤、鱼。并通过艺术加工将所有现实图像简化成基础线条，呈菱形架构排列（图九）。

图九　《人物御龙图》与大葆台"蔓草纹"刺绣单位纹样线图对比

---

① 陈锽：《魂舟·魂车·魂桥——图像中的灵魂信仰探讨之三》，《新美术》2018年第9期。
② 朱存明：《民俗之雅——汉画像中的民俗研究》，三联书店，2019年，第11页。
③ [美]巫鸿著，施杰译：《黄泉下的美术——宏观中国古代墓葬》，三联书店，2010年，第29页。

此幅刺绣出土于两层棺板中间，学者多推断其为棺衣，参照湖南长沙马王堆汉墓出土T形帛画所表现的墓主升仙的内容，棺衣的刺绣内容也应与墓主死后的精神世界有直接的联系。因此笔者认为北京大葆台汉墓出土"蔓草纹"刺绣残片的纹饰可以重新命名为"魂舟纹"刺绣残片。

三 "齐紫"与"帝王紫"的染色技艺

发掘报告中对于这件刺绣残片颜色的描述是"绛紫色，色调沉着、艳丽，应是战国以来名贵一时的'齐紫'传统染法染成的"[1]。齐紫一词来源于一段先秦的故事。

战国时期的齐国曾经流行过一种用骨螺染色的紫色衣服，在《韩非子·外储说左上》中曾有记载：齐桓公好服紫，一国尽服紫。当是时也，五素不得一紫，桓公患之，谓管仲曰："寡人好服紫，紫贵甚，一国百姓好服紫不已，寡人奈何？"管仲曰："君欲何不试勿衣紫也，谓左右曰，'吾甚恶紫之臭。'"于是左右适有衣紫而进者，公必曰："'少却，吾恶紫臭。'"公曰："诺。"于是日，郎中莫衣紫。其明日，国中莫衣紫。三日，境内莫衣紫也。

"帝王紫"又称"泰尔紫"，在西方是古罗马皇帝所穿着"托加"礼服的专用染色方式。托加，拉丁语：Toga。托加·佩克塔：是指在紫色织物上有金线刺绣花纹的非常豪华的托加，是凯旋将军和皇帝穿的托加；托加·拉特贝阿：是大礼服的意思，这是一种有紫色边饰的彩色托加。地位不同，色彩的使用也不一样：敬神时祭祀官穿全紫色的托加；初期的皇帝和高级官员穿紫色和白色相搭配的托加；占卜官穿紫色或者绯红色条纹的托加。袍服的专用紫色，这种紫色"一跃成为了皇室与权力的象征，正所谓见紫如见帝王"[2]，故称其为帝王紫。通过史书的记载，这种紫色"最初可能起源于腓尼基人，在传播到希腊、波斯和罗马帝国乃至亚特兰大海滨和西班牙、亚得里亚海滨、意大利南部及西西里"[3]。而西方世界对于紫色的偏爱也是由来已久，远在古希腊的哲学家柏拉图曾经对紫色有过这样的描述："我们在画人像时，一些人会建议我们用最美的颜色来描绘人体最美的部位，眼睛就应该用紫色描绘。"[4]

为什么在交通不甚便捷的古代社会，东西方文化都对这种特殊的紫色格外珍惜呢？因为这种染色技艺的复杂性对得起其"帝王紫"的称号。

这种流行于中外的紫色染料取自海螺的鳃下腺分泌物（图一〇），因此多称其为

---

[1] 大葆台汉墓发掘组、中国社会科学院考古研究所编：《北京大葆台汉墓》，文物出版社，1989年，第57页。
[2] 戴茹奕：《骨螺紫研究》，中国美术学院博士学位论文，2016年。
[3] 陆越、郑巨欣、戴茹奕：《贝紫在丝绸染色中的应用》，《丝绸》2013年第2期。
[4] Plato, The Republic, Book Ⅳ. p.1.

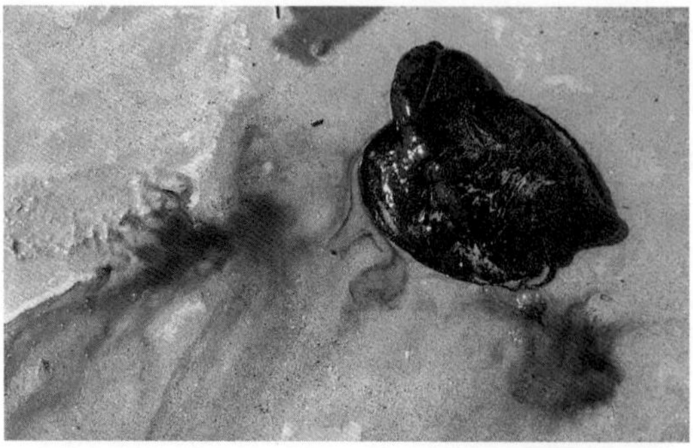

图一〇 渗出紫色液体的骨螺

“贝紫”“骨螺紫”。通过贝紫染色的丝织物，尽管是天然动物染色，但其色牢度完全可以与化学染料染色丝绸相媲美①。尽管中西方贝紫所用的海螺品种不一样，但是其稀有程度却是相似的：要取得1克高纯度的紫色染料大概需要10000个染色海贝②。尽管不同海贝、海螺在提取鳃下腺分泌物时会有一些区别，但是如果从这些海洋动物身上提炼出足以染制一件衣服的染料，所需的数量绝对是一个天文数字。

贝紫染料是从海洋生物中提取，也因此在制作染料时会散发出一股腥臭味。故而管仲才会给齐桓公提议说让桓公对服紫之人称其“恶紫之臭”，其实经过提纯的紫色染料已经极大限度的去除掉了海腥味。

在中国古代，紫色的染制除了贝紫之外还有紫草、苏木等，但通过考古发掘出土确认为“贝紫”染制的丝织品文物并不多，其中经过王㐨先生辨识，最为著名的两件是湖南长沙马王堆汉墓出土的紫绢地印花敷彩直裾绵衣与北京大葆台汉墓出土的紫绢地刺绣。

参考文献

[1] 大葆台汉墓发掘组、中国社会科学院考古研究所编:《北京大葆台汉墓》，文物出版社，1989年。
[2] 司志文、赵芮禾:《海昏侯墓出土纺织品文物保护与文化探讨》,《西市文博》第一辑，2018年。
[3] 陈锽:《魂舟·魂车·魂桥——图像中的灵魂信仰探讨之三》,《新美术》2018年第9期。
[4] 朱存明:《民俗之雅——汉画像中的民俗研究》，三联书店，2019年。
[5][美]巫鸿著，施杰译:《黄泉下的美术——宏观中国古代墓葬》，三联书店，2010年
[6] 戴茹奕:《骨螺紫研究》，中国美术学院博士学位论文，2016年。
[7] 陆越、郑巨欣、戴茹奕:《贝紫在丝绸染色中的应用》,《丝绸》2013年第2期。
[8] 张伟:《蚕丝织物食用靛蓝色素染色工艺研究》,《丝绸》2012年第11期。
[9] 肖世孟:《齐桓公所服之“紫”色考》,《服饰导刊》2012年第1期。

① 张伟：《蚕丝织物食用靛蓝色素染色工艺研究》，《丝绸》2012年第11期。
② 肖世孟：《齐桓公所服之“紫”色考》，《服饰导刊》2012年第1期。

第三章　博戏田猎

"犀比六博消长昼"
——北京大葆台汉墓出土六博棋考

马立伟

六博棋曾是我国古代社会盛极一时的游戏，无论是一国之君，还是黎民百姓，都曾对其乐此不疲，痴迷不已。尽管这一古老的博戏已经从漫漫的历史长河中渐行渐远，但其对当时社会诸多方面及后世棋类体育运动的影响迄今犹在，而个中所包含的历史文化意蕴、考古价值也同样耐人寻味。

一　六博棋的嬗变

六博棋是一种已经失传的古代博戏，又称"陆博""六簙"，简称"博""湖"。相传源于夏朝，是夏桀的臣子乌曹所作，东汉许慎在《说文解字》中云："博，局戏也。六箸十二棋也。古者乌曹作博。"商代时，六博棋开始兴起，《史记·殷本纪》记载了武乙与"天神"下六博棋、囊血射天的故事：商纣王的曾祖父武乙是商朝的第二十八任君王，他命人用木头和泥土制作木偶"天神"，然后与"天神"玩六博棋，让大臣代替"天神"行棋，结果"天神"输了，他就命左右与"天神"打斗，还把装满血液的皮囊悬挂起来，亲自用箭射穿血囊，炫耀自己射杀了"天神"。这说明当时六博棋已经兴起并进入宫廷。周代是一个礼乐制度较为发达的时期，六博棋因与射礼相关，便逐渐有所发展。西周时，就有关于周穆王与神话人物下六博棋的记载。《穆天子传》载："是日也，天子北入于邴，与井公博，三日而决。"井公是传说中的隐士，穆天子满与其博弈，是继殷商后，再次将六博文化纳入神仙文化的范畴。春秋战国时期是中国历史上文化与思想交相辉映的时代，"百家争鸣"，思想活跃，在这样的社会背景下，六博棋开始盛行起来。如屈原在《楚辞·招魂》中描述了六博棋的形制和比赛规则："菎蔽象棋，有六博些。分曹并进，遒相迫些。成枭而牟，呼五白些。"《战国策·齐策一》："临淄甚富而实，其民无不吹竽鼓瑟，击筑弹琴，鬬鸡走犬，六博蹹踘者。"此外，《论语》《左传》《东周列国志》和《史记》等文献也都有相关记载。秦汉时期，在秦始皇"扫六"、统一中国后，中国社会进入"家天下"时期，而六博棋则成为上至国君贵胄，下至庶民童子都喜闻乐见的娱乐方式。特别是汉高祖刘邦建汉之后实行"休养生息"的政策，后继的"文景之治"、武帝大略、昭宣中兴等历史时期，西汉政治加强中央集权，社会秩序稳定，经济发展，从汉初的"黄老思想"发展为武帝时的独尊儒术，六博棋的发展达到了顶峰。文、武、昭、宣几位皇帝都喜爱六博棋也为其在民间的广泛传播推波助澜，以至在长安京畿地区的"三辅儿童皆诵之"。《西京杂记》记载："许博昌，安陵人也，善陆博。窦婴好之，常与居处。"《旧五代史·僭伪传二·刘崇》："刘崇，太原人，汉高祖之从弟也。少无赖，好陆博意钱之戏。"当时在朝中还专门设置了掌管博棋的机构——博侍诏。《汉书·吾丘寿王传》中记载吾丘寿王"赵人也，年少，以善格五，召侍诏"。《后汉书·耿弇列传》记载宣帝时向乌孙送去博具，供武帝年间出嫁细君公主解闷。西汉末年农民起义的巾帼英雄迟昭平还是六博的理论家，以"能说博经以八投"闻名。《后汉书·梁冀传》中记载了东汉外戚梁冀"性嗜酒，能挽满、弹棋、格五、六博、蹴鞠、意钱之戏"。可见在汉代时，六博棋的流行之广。新莽时期，王莽的姑母王政君是汉元帝的皇后，位高权重，王莽想通过王政君达到其篡夺王位的目的，于是便借西王母的形象来美化王政君，在宫廷和民间大肆进行西王母的祭祀活动。这样，作为祭祀西王母圣物的六博棋元素便与西王母祭祀联系起来。《汉书·五行志》载："京师郡国民聚会，里巷阡陌，设张博具，歌舞祀西王母。"如在苏北、山东滕州和微山岛南沟等地出土的汉画像砖和石板上，都刻有西王母的形象。魏晋南北朝时期是一个政权频繁更迭、连年战争、"五胡乱华"的时期，社会文化中包含了本土文化和外来文化杂糅的复杂因素，六博棋依然存在，例如甘肃嘉峪关魏晋壁画墓中绘有六博的图像，但六博棋在这个时期开始走向衰落，逐渐被围棋、双陆棋和樗蒲所替代，并随着丝绸之路传到了古印度等国家。南北朝汉译佛经《大般涅槃经》现病品第六中有："摴蒲围棋、波罗塞戏、师子象斗、弹棋六博、拍毱掷石、投壶牵道、八道行成，一切戏笑悉不观作。"说明六博棋已经随丝绸之路西传。隋唐时期迎来了中国历史的繁盛时期，六博棋虽然还在流行，但已不能同前朝的六博棋同日而语了，许多规则或失传或变化[①]。

二　六博棋的历史文化内涵

　　六博棋被认为是象棋的雏形。英国著名学者李约瑟博士在其所著《中国科学文化史》中详尽地分析了六博棋与天文、象术、数学的关系，认为"只有在中国，阴阳理论的盛行促使象棋雏形的产生，带有天文性质的占卜术得以发明，继而发展成带有军

---

① 崔乐泉：《中国古代六博研究（下）》，《体育文化导刊》2006年第4期。

事含义的一种游戏"。可见六博棋中蕴含着深刻的文化内涵，大致包括军事、天文、象术、数学、射鱼礼、原始宗教和酒文化等方面的内涵。

（一）军事文化

六博棋的行棋是每方各执六子，包括枭、卢、雉、犊、塞（二枚）。而春秋战国时进行军事训练时，其兵制即是以五人为伍，设伍长一人，共六人，双方布阵对峙，步步紧逼，斗智斗勇，体现了六博棋的军事内涵。

（二）天人合一

六博棋中的四方、四角、TLV形、圆圈等纹饰，代表了古代的宇宙空间观念，正如李学勤先生所指陈的那样，博局正是一幅宇宙图形。特别是"T""L""V"纹，在棋盘上多有体现。另外也包含了天干地支的元素。而天地对人的影响则以占卜的形式出现，以博局占卜人的生老病死、吉凶祸福和婚丧嫁娶等，充分体现了天人合一的思想。

（三）阴阳象术

象术是《易经》的重要组成部分，与古人的占卜密切相关。据研究者指陈，六博棋的"棋盘以隐形太极八卦图而设计，太极生两仪——黑白两条鱼；两仪生四象——四个圆点；四象生八卦——周边八方。四角为阴，四边为阳，中心为太极。就像有博筹一样，随棋具应该配有黑白两条阴阳鱼放在棋盘中心内"[1]。这反映了六博棋与象术的关系。

（四）数学

在六博棋的布棋、行棋和规则中，都蕴含着数学思想，例如算筹计算得分、双方胜负、行棋步骤、口诀等都会涉及数学。

（五）射鱼之礼

由于六博棋中的骁棋指入水食鱼，亦名牵鱼，每牵一鱼获二筹，翻一鱼获三筹，因此，有学者认为其与西周的射鱼礼有关。左氏《春秋经》曰"五年春，公矢鱼于棠。"在后世的许多文献中都有相关记载。如《传》《注》《疏》等文献中都记载了射鱼之事，证明古代确有用弓箭捕鱼、以鱼为牲、用鱼祭祀祖先的礼俗[2]。

---

① 王前民：《秦国六博棋之初探》，广东象棋网，2013年3月10日。
② 袁俊杰：《西周射礼研究》，河南大学博士学位论文，2010年。

（六）原始宗教

1986年，四川广汉三星堆1号埋葬坑、四川成都金沙遗址Ⅰ区"梅苑"地点都出土了射鱼纹的金器，据有关学者认为，射鱼的寓意与原始生殖崇拜、图腾崇拜、祖先崇拜和巫术等密切相关。而上文所述射鱼礼可能与六博棋相关，则六博棋文化应与原始宗教有关[1]。

（七）酒文化

《汉书》卷三十五中记载："孝文时，吴太子入见，得侍皇太子饮博。吴太子师傅皆楚人，轻悍，又素骄。博争道，不恭，皇太子引博局提吴太子，杀之。"[2]这里叙述的是汉文帝在饮博时因与吴太子争道而用博局将吴太子打死，后引发"七国之乱"的史实。其中所说的"饮博"即指在皇家宴饮时行六博棋的术语。1972年，甘肃武威出土了一组汉代彩绘木雕博戏俑，其中左边的木俑伸出左手邀请对手先行棋，右边的木俑则用右手显示"三"这个数字，而这一情景反映的正是二人喝酒时猜拳的手势。另还有14幅画面，仿佛双方看似轻舒广袖，而实则十分传神地表现了两人猜拳时的紧张而兴奋的神情和状态，这即是文献中所说的"博饮"，说明六博棋在古代酒文化中占据重要地位。

三　北京大葆台汉墓出土六博棋具

（一）概述

目前，全国许多地区都出土了六博棋文物，涉及北京、河北、河南、湖北、湖南、广西、江苏、山东、陕西、四川和安徽等地。如河南省灵宝县出土东汉绿釉陶六博俑，湖南长沙马王堆3号西汉墓出土一套完整的漆盒装六博棋具，湖北江陵凤凰山8号西汉墓出土整套博具，湖北云梦睡虎地11号、13号秦墓均出土博具，湖北荆州纪城战国墓1号墓，江苏徐州东郊西汉中期夫妻合葬墓出土"六博"，江苏徐州北洞山汉墓附近发现西汉楚王的陪葬墓出土一套完整的六博棋，江西海昏侯墓出土六博棋行棋口诀等。北京大葆台汉墓出土六博棋的年代属西汉中晚期。

大葆台汉墓位于北京市西南，距离城区15公里[3]，西临永定河，南依京广铁路支线。据专家推断，墓主人是汉武帝刘彻之孙——西汉广阳顷王刘建及其王后墓，是我

① 陈淳：《古蜀金器射鱼纹之我见》，《中国文物报》2004年8月27日；刘学堂：《古蜀金器"射鱼纹"寓义考》，《中国文物报》2004年8月27日。

② （东汉）班固：《汉书》，中华书局点校本，1983年，第1904页。

③ 辑本《析津志》："葆台在南城之南去城卅里，相传明昌时李妃避暑之台，乃故京药师院之支院。"

图一　北京大葆台汉墓出土六博棋

国考古界首次确认的"黄肠题凑"天子葬制，随葬出土了千余件（套）文物，六博棋子和疑似六博棋盘就是其中的重要文物（图一）。

（二）北京大葆台汉墓出土六博棋考

1.六博棋具的词源学问题

在《北京大葆台汉墓发掘报告》中，六博棋子被称为牙棊，即象牙质地的棋子。关于"棋"字，《古代汉语此次安》有以下三种写法：

（1）"棊"字

古同"棋"字。战国时《左传·襄公二十五年》载："弈者，举棋不定，不胜其耦。"《韩非子·外储说左上》云："秦昭王令工施钩梯而上华山，以松柏之心为博，箭长八尺，棋长八寸，而勒之曰：'昭王尝与天神博于此矣。'"《楚辞·招魂》中有："菎蔽象棊，有六簿些。"《山海经·中山经》："休与之山，其上有石焉，名曰帝台之棊。"注："博，棋也。"西汉时有刘安《淮南子·泰族》："故行棊者。"注："谓六博也。"扬雄《方言》："五簿或谓之棊。"《史记·货殖列传》："出棋置。"东汉时有许慎《说文解字》释义："棊，博棊也……或作碁、櫀，通作棋。"魏晋时期有《三国志·魏书·王璨传》有："棋者不信，以帊盖局，使更以他局为之。"《博物志》："尧造围棊，丹朱善之。"清代《徐曰》中有："棊者，方正之名。古通谓博奕之子为棊。"洪兴祖补注引《古博经》云："博法：二人相对坐向局，局分为十二道，两头当中名为水，用棊十二枚，六白六黑，又用鱼二枚置于水中。其掷采以琼为之，琼畟方寸三分，长寸五分，锐其头，钻刻琼四面为眼，亦名为齿。二人互掷采行棊，棊行到处即竖之，名为骁棊，即入水食鱼，亦名牵鱼，每牵一鱼获二筹，翻一鱼获三筹。"可知此字为棋类的总称，且使用频率较高。

（2）"碁"字

形声。字从石，从其，其亦声。如果将此字拆分，则上半部"其"字本指"一系列等距排列的直线条"，转指"一系列纵横交错等距排列的直线条"。下半部的"石"字指大的具有平整表面的石板。"石"与"其"联在一起用即表示"表面刻画有一系列纵横交错等距排列直线条的石板"。本义指石制棋盘。引申义指石制棋子。同棊。围棋也。《扬子·法言》中有"围碁击剑，反目眩刑"。东汉医圣张仲景《伤寒论》中有"大黄如簙碁子"一说。唐代孙思邈在《千金方》里有"簙碁子长二寸"。日本七大新闻棋战中初级一战叫作"碁圣"，即为"小棋圣"[①]，由此可知此字已传至日本，且专指石质棋盘和棋子。北京大葆台汉墓一号墓出土的疑似六博棋盘的材质为石灰岩[②]，因此对该棋盘的称谓似用此字较为妥当。

（3）"櫀"字

古同"棋"[③]，形声。从木，其声。本义：古时通称博弈的子为棋，即特指棋子。

2.六博棋相关术语问题

（1）"六博"的命名

六博又称陆簙，从东汉王逸和许慎的记载可知，六博之名是由于对博双方所掷之箸数为六，棋子也分别为六，故称六博。其中"陆"字用于博弈时音为liù，是数字"六"的大写形式。"簙"字在东汉许慎《说文解字》中释义为："簙，局戏也。六箸十二棋也。"《扬子法言》中曰："谓之簙，吴、楚之间，或谓之蔽，或谓之箭里，或谓之簙毒，或谓之夗专，或谓之璇，或谓之棋。所以投簙谓之枰，或谓之广平。"《扬子·方言》又称："簙谓之蔽，或谓之箘。秦、晋之闲谓之簙，吴、楚之闲谓之蔽。"由此可见，对于六博的称谓北方与南方的叫法不同。这一称谓至唐朝时犹在，《梵网戒本疏日珠钞》的"博戏条"里记载："六博，（法）藏《疏》云……今详诸解，以六博为双陆者是也。"因此，唐朝以后对六博的称谓已经有所变化。

（2）枭棋和散棋

六博棋的棋子分为枭棋和散棋。其中枭棋（又称骁棋）是对最终获胜棋子的称谓，用以表示似枭鸟一样骁勇。西汉王褒所撰《王褒·四子讲德论》中有："燋齿

① 张玉书、陈廷敬主编：《康熙字典》，中国书店，2010年。
② 大葆台汉墓发掘组、中国社会科学院考古研究所编：《北京大葆台汉墓》，文物出版社，1989年，第50页。
③ 张玉书、陈廷敬主编：《康熙字典》，中国书店，2010年。

枭瞯，文身裸祖之国，靡不奔走贡献。又枭卢，樗蒲采名。幺为枭，六为卢。"晋谢艾注释："枭，邀也。六博得邀者胜。《楚辞》成枭而牟呼五白。枭二为珉采，牟，胜也。胜枭必五白。"散棋指未成为枭的棋，取义分离、零碎。六博棋一般是博弈双方各执六枚棋子，其中一枚为枭棋，五枚为散棋。六博棋有可能是中国象棋的鼻祖。

3. 棋具

（1）概述

湖北江陵凤凰山西汉8号墓出土了完整的棋具，有博局盘1件，竹箸6根，用半边细长竹管制成。骨质棋子12枚，6白6黑，为长方体，竹箸与棋子盛在一个圆形漆奁内。该墓出土遣策记："博、算、□、梮、博席一具、博橐一"。博是全套博具。算（箸），□应是綦（棋），梮是木博局。墓葬年代为西汉文景时期。博席、博橐朽没无存，其他均与同时出土的遣策对应[1]。此外，还有一些辅助器具，如博镇、博枰、枰綦。湖南长沙马王堆3号墓出土的博具包括棋盘1件、大棋子18件、小棋子12件、骰1件、筹码（算）42件、削1件、割刀1件、六博棋盒1件；安徽天长三角圩西汉中晚期墓出土有棋盘1件、箸6件以及山东莱西县岱墅西汉木椁墓出土棋盘2件、大棋子2件、小棋子6件、箸30件、棋具盒1件[2]。总体说来，博具应包括棋盘、箸或筹、棋子、筹码、博镇、博枰、博橐和博盒（收纳工具）。

据此，北京大葆台汉墓一号墓出土的六博棋具除六博棋子和棋盘外，没有再发现其他的棋具，原因可能是因一号墓曾经被盗。

（2）棋子

据《北京人葆台汉墓发掘报告》载，北京大葆台汉墓一号墓共出土8枚六博棋子，皆出土于一号墓前室南端和东面内回廊中，个别残损，大部分完好。牙质，六面长方形，边缘有阴刻的直线为框。4枚的六面框内有阴刻飞龙，4枚的六面框内有阴刻奔虎，雕工精美，形象生动。长2.93～3.12厘米，宽1.55～1.68厘米，高1.25～1.34厘米[3]。由此可见，这8枚棋子是大小不一的，这与湖南长沙马王堆汉墓3号墓（大12、小18）和山东莱西县岱墅西汉木椁墓（大2、小6）出土的棋子一样，都是根据大小而非按照材质和颜色来区分是枭棋还是散棋。

（3）棋盘

在北京大葆台汉墓一号墓前室南端还出土了一件疑似六博棋盘的文物，已碎成多

---

① 长江流域第二期考古工作人员训练班：《湖北江陵凤凰山西汉墓发掘简报》，《文物》1974年第6期。

② 金银：《战国至秦汉时期六博棋具研究》，西北大学硕士学位论文，2018年

③ 大葆台汉墓发掘组、中国社会科学院考古研究所编：《北京大葆台汉墓》，1989年，第53页；北京市大葆台西汉墓博物馆：《大葆台汉墓文物》，文物出版社，2015年，第53页。

块，碎屑为石灰岩质，接近正方形，四角有"L"形奎脚，石案打磨十分光滑平整，长65厘米，高4.5厘米，奎脚高2厘米，厚2.5厘米①。这可能是目前出土六博棋盘中长度较大的一个。

从其材质而论，北京大葆台汉墓一号墓出土的疑似六博棋盘的材质为石灰岩。目前发现最早的石质棋盘是1973年河北平山县战国晚期中山国3号墓出土的六博棋盘，这也是迄今发现的中国最早的六博棋盘。其材质为青灰石②。另有山东费县出土的六博棋盘为土石质③。

（4）削

在北京大葆台汉墓一号墓西南外回廊出土了一件铁削，体扁平，前端呈尖锥状，后有椭圆形环首，系弯折而成。长14.2厘米，首长2厘米，宽3厘米④。无独有偶，湖南长沙望城风篷岭汉墓也出土1件削，身宽柄窄，削身截面呈三角形。长7.2厘米，身宽1.1厘米⑤。湖南长沙马王堆汉墓也出土了一把象牙环首刀和削。环首刀全长22厘米，削呈竹叶形，附木柄一件，全长17.2厘米。从形制、长度和用途来看，是否北京大葆台汉墓的削与马王堆汉墓的刀、削有相似之处？削是否在六博行棋时，与削简记数有关，还有待考证⑥。

4.制作工艺

（1）髹漆工艺

我国的髹漆工艺历史悠久。髹漆是一项十分复杂、艰辛的工作，需要耗费大量的人力、物力和财力。据考古发现，早在新石器时代中期，河姆渡文化、马家浜文化先后出土了漆木碗和漆木器。《韩非子·十过篇》中，早在尧舜禹时期就有"削锯修之迹，流漆墨其上""黑漆其外而朱画其内"的记载。《资治通鉴·唐太宗贞观十七年》云："舜造漆器，谏者十余人，此何足谏？"新石器时代中期，原始髹漆工艺就已经在南方萌芽。在良渚文化的随葬漆器中，已采用髹漆工艺。商周到秦汉时期，这一工艺已相当成熟，而汉代的髹漆工艺水平可谓登峰造极。北京大葆台汉墓出土的六博棋子即采用了髹漆工艺。

北京大葆台汉墓随葬出土的漆器多达172件，大部分为木胎，少数为夹纻胎。相关

---

① 大葆台汉墓发掘组、中国社会科学院考古研究所编：《北京大葆台汉墓》，文物出版社，1989年，第53页；北京市大葆台西汉墓博物馆编：《大葆台汉墓文物》，文物出版社，2015年，第50页。

② 刘佳：《六博棋与中国最早的六博棋盘》，《河北画报》2009年第7期。

③ 金银：《战国至秦汉时期六博棋具研究》，西北大学硕士学位论文，2018年。

④ 大葆台汉墓发掘组、中国社会科学院考古研究所编：《北京大葆台汉墓》，文物出版社，1989年，第53页；《大葆台汉墓文物》，文物出版社，2015年，第44页

⑤ 北京市大葆台西汉墓博物馆编：《西汉"黄肠题凑"葬制的考古发现与研究》，北京燕山出版社，2013年，第115页。

⑥ 金银：《战国至秦汉时期六博棋具研究》，西北大学硕士学位论文，2018年。

研究表明，"髹漆工艺包括制作胎体、髹制漆灰层、髹制底漆层、绘制彩色纹饰与其他表面处理工序。其间可能涉及木材的选料和加工、颜料加工、无机填料加工、生漆采集、炼制和保存、打磨抛光、漆笔制作、荫室制作以及温湿度控制技术，漆器金属附件加工、麻胎、布和帛等织物处理等相关工序"①。髹漆工艺中需使用的漆膜大多为朱砂，而朱砂使用的历史相当悠久，最早可上溯到旧石器时期的山顶洞人遗址②，这应亦是北京地区与髹漆工艺相关的最早记载。另《史记·货值列传》云："陈夏千亩漆……皆与千户侯等。"由此可知汉代漆树的种植较为普遍。从髹漆所需木材原料来看，北京大葆台汉墓所处西汉广阳国的人口为13000多户，墓主人广阳顷王刘建应为万户侯，故此可知当时此处的漆树分布应比较广泛，便于取材才可能生产出数量众多的漆器。而漆树因"汁入土，千年不坏"的优良的防腐、防锈和美学作用，而成为《盐铁论》中所载的"夫一文杯得铜杯十，贾贱而用不殊。箕子之讥，始在天子，今在匹夫"③的价值很高的重器。此外，北京大葆台汉墓出土六博棋子以古代四灵为主题，一方面代表了空间方位的宇宙观，另一方面也蕴含着辟邪、消灾、祈福等吉祥文化的元素。

（2）石材

据大葆台汉墓发掘报告称，北京大葆台汉墓一号墓出土的疑似六博棋盘的材质是石灰岩质。石灰岩简称灰岩，从前寒武纪到现在都有产出，是以方解石为主要成分的碳酸盐岩，分布地区十分广泛。北京西山、周口店等地都是寒武系石灰岩的产地④。而大葆台汉墓发掘简报则称，一号墓出土的六博棋盘为花斑石材质⑤，具体情况和结论尚待进一步考证。

四　结语

迄今为止，大葆台汉墓出土的六博棋是北京地区诸侯王汉墓唯一出土的孤品。西汉许博昌编纂的《六博棋口诀》在当时"三辅儿童皆诵之"，其流传之广可见一斑。六博棋虽已淡出历史舞台，但曾经盛极一时、昙花一现的博戏仍然留给我们许多遐思。北京大葆台汉墓出土的六博棋子在纹饰、风格、图案和主题等方面皆具独特性和艺术性。随着考古新发现和学术新成果的涌现，有关六博棋的文化值得我们更加深入地研究。

---

① 金普军：《汉代髹漆工艺研究》，中国科技大学博士学位论文，2008年。
② 裴文中：《周口店山顶洞之文化》，《文物春秋》2002年第2期。
③ 乔清举注释：《盐铁论》，华夏出版社，2000年，第179页。
④ 李硕、金振奎、郭芄恒：《北京地区寒武系沉积相模式及其演化》，《柴达木开发研究》2019年第4期。
⑤ 鲁琪：《西汉燕王木椁墓》，《紫禁城》1983年第6期。

参考文献

[1]（元）熊梦祥:《析津志》，北京古籍出版社，1983年。

[2] 九雨农:《中国象棋：汹涌于庙堂，澎湃于江湖》,《齐鲁晚报》2020年4月17日。

从北京大葆台汉墓出土的动物骨骼看汉代田猎活动

匡　缨

一　大葆台与田猎的渊源

在北京市大葆台西汉墓博物馆，馆藏文物中有许多动物的遗骸。经过动物学家的鉴定，它们分别是白颈鸦、鸿雁、白额雁、豆雁、天鹅、马鸡、豹、猪、牛、猫、马、鹿、猪、山羊等，有十余种之多。这些动物，有的属于肉食品，如山羊、鹿、猪、天鹅等，是上等的珍肴，有的属于观赏的动物，如豹、鸿雁、豆雁、白颈鸦等。在考古遗址中我们发现古代人类把某些完整的动物或这些动物的某一部位有意识地单独埋葬或作为随葬品和人埋在一起，这种行为暗示他们与这些动物有着特殊的情感。对这种现象的进一步研究，可以揭示出人、动物、环境和社会之间的相互关系。

最早的动物来源于早期先民的狩猎活动。后来，人们把狩猎捕获的动物中那些幼小的没有及时宰杀的雏兽放入到一定范围的山林中圈育起来，为防止其中奸猾难驯的动物逃跑，在四周设置壕堑、藩篱、林丛、网罟等障碍物，这样便产生了中国古代最早的园林——囿。《诗经》毛苌注："囿，所以域养禽兽也。"圈围蓄养起来的禽兽，主要目的是供帝王狩猎活动，也兼做膳食和祭品的供应。到了秦汉两代，苑囿渐渐变为专供帝王生活游乐的地方，宫殿馆阁等园林建筑大大增加，而且在苑囿中蓄养了许多禽兽，正如《三辅黄图》卷四所说："养鸟兽者，通名为苑。"起初帝王贵族们在苑囿中田猎游乐，到了殷周时代，田猎加入了祭祀的内容，发展到秦汉，田猎逐渐演变为军事训练和军事演习。

北京大葆台汉墓位于北京西南，墓主人是广阳顷王刘建及其王后。刘建在历史上算是籍籍无名之辈：汉宣帝即位，为了不使刘旦这支宗室绝祀，便又封刘旦的原太子刘建为广阳王，……在位29年去世。可是提到刘建的父王刘旦，在西汉历史上曾经是浓墨重彩的人物。刘旦是汉武帝的三子，被封燕王，因为燕地邻近匈奴可以加强边防。但是后来刘旦因为不得皇位而私自铸造兵器，并和宗室刘泽一起密谋叛乱。刘旦带着手下的高级官员，在文安县多次举行围猎，等待动手的时机。郎中韩义等人数次谏阻，刘旦就杀掉韩义等十五人。刘旦还没有起兵，就被人告发，所有参与反叛的人员悉数逮捕。昭帝念及刘旦是自己的兄长，对他免予追究。可是之后的刘旦并没有悔过，而是再次参与了鄂邑长公主、上官桀等密谋的诛杀权臣霍光一案。最终事情败露，刘旦也自缢身亡，朝廷赐谥号为"刺"，燕国被削除，在原址上设置广阳郡[①]。

从刘建之父刘旦身死国除的事情上我们得到的信息有：第一，刘旦应该是非常喜爱田猎活动的，他通过多次举行田猎活动来进行军事训练，以期达成谋反篡位的目的；第二，刘旦父子的田猎场所在文安县一带。据此可以推测出，北京大葆台汉墓出土的动物骨骼可能和田猎活动有关。

文安县距北京120公里，地势低洼，为多条河流的下游。文安县的东部、北部好像釜底，洪沥水无下泄出路，自然形成了封闭洼地——文安洼。找到了文安洼，这也就不难解释为什么北京大葆台汉墓出土的动物骨骼里有着许多飞禽的身影，原来这里的湖泊沼泽曾是白颈鸦、鸿雁、天鹅等水禽温情的栖息地。

翻检古籍，在《汉旧仪》中看到："上林苑中，天子遇秋冬射猎，取禽兽无数实其中。"也就是说，汉代皇帝把秋冬时节田猎到的禽兽，放到上林苑中蓄养。重庆博物馆藏有汉代"家禽画像砖"，画面中央有一有着横枋的立木架，架上立一鹦鹉，架旁有雄鸡、鹅、雁等，这幅画反映了汉代贵族纵养禽鸟的风俗。纵养相比于猛兽的"圈槛"，是一种不施栅牢、任其栖翔的蓄养方式。

随着北京大葆台汉墓的发掘，这些尘封了2000余年的动物骨骼出土了。历史不仅淹没了曾经的喧嚣，连茂密的植被和成片的湖泊也改变了模样。现代的我们想知道当年的田猎活动是怎样的一个情形，想知道它跟先民们的狩猎有什么区别，想知道当时的人们进行田猎活动的各种发端和成效。

二　汉代田猎活动复原

田猎活动最早起源于人类原始社会阶段的狩猎行为。在农耕社会之前，狩猎是人类最重要的谋生手段之一。人们捕获了猎物后，食其肉、衣其皮。我们的先辈原先用双腿追获野兽，后来借助了速度飞快的马匹，又在劳动实践中逐渐地发明了弓箭。弓箭的发明以及野马的驯养，使得狩猎越来越便捷。

我国古代发展到殷商时已是农业为主的社会，田猎不再是糊口果腹的手段。尤其是达官显贵们，在解决了温饱之后，还会想着寻欢作乐，狩猎便成了他们茶余饭后的消遣活动。甲骨文中有大量的田猎记录，所获猎物有麋、鹿、兔、兕、狐等。"一片甲骨惊天下"，实际上是半片田猎卜骨惊天下。1973年河南安阳小屯村南地出土一片

---

① 　（东汉）班固：《汉书》卷六十三《武五子传》，中华书局，1962年。

不完整卜骨，卜骨中至少十一次提及占卜王外出田猎的状况。田猎即在山林和田野里打猎，田猎难免践踏庄稼，毁坏山林，进而激起民愤。殷代后期的帝王为了避免破坏山林和农田而丧失民心，就把这种活动限制在一定范围之内，四周用垣墙圈起来，其中蓄养禽兽并设专人管理，这就是"囿"。

囿与现代的动物园有所不同：首先，囿的范围非常广阔。上林苑本是秦始皇建在渭河之南的一处苑囿，汉武帝于建元二年（公元前138年）在秦代猎苑旧址的基础上扩建上林苑，其规模空前宏大，宫室为数众多，专为皇家狩猎娱乐而设。《三辅黄图》卷四《苑囿》记载其范围："东南至蓝田、宜春、鼎湖、御宿、昆吾，旁南山而西，至长杨，五柞，北绕黄山，濒渭水而东。周袤三百里。"其次，苑中的动物不是从外地捕捉而来，而是本地土生土长的禽兽。

帝王的大规模狩猎活动在礼制上有很多规定，就连每年狩猎的次数和时间也不是随意的。田猎讲求时节，汉代大规模的官方田猎活动多在秋冬季举行，因为这时候野兽已经长成，又处于农闲时节，不耽误农事。湖北云梦睡虎地出土的竹简《秦律田律》规定："不夏月，毋麛卵，毋……毒鱼鳖，置阱罔，到七月而纵之。"这条法律简明扼要地规定在每年七月以前，即禽兽胎孕和幼雏期间，不许捕猎幼兽、幼鸟和拾鸟蛋，不准设置猎捕野兽的陷阱和网罟，不准向河里投置毒药捕捉和杀害鱼鳖。此外，汉代的匈奴人常在秋冬时节制造弓弩，这给汉代在秋冬举行田猎提供了现实的理由。

汉代贵族田猎时随从人员众多，包括田猎时的协从人员和一些日常管理人员。汉武帝田猎时有诸侯王、近臣等陪同，有时候还有后宫妻妾跟随，武官负责开道路、护卫安全，就连皇帝休憩的宫殿处也有戍守人员。此外，皇帝身边还有协助田猎的射手，他们协助包围猎场、寻找野兽和追逐射击猎物，驱赶和拦截猎物等。日常管理人员负责饮食起居，还有为田猎不测造成的伤害提供医治的太医，为皇帝开心散愁的乐舞人员。有了众多的随从，再配上各种车马，于是田猎队伍"拖霓旌，靡云旗，前皮轩，后道游；孙叔奉辔，卫公参乘，扈从横行"。

田猎时所用的工具主要有弓、箭、弩、矛、矰、罗网、盾等。箭如羽箭，扬雄《羽猎赋》中记载田猎者"蒙盾负羽"[1]；弓多数由金属材质制成；弩比弓有更强大的杀伤力，因为弩由机械发力，射程较远。盾的作用是用来保护田猎者防止野兽攻击或被其他士兵误伤。盛放弓、箭的器具叫鞬囊，矰是射鸟用的短箭。田猎时要用到辅助动物，猎犬和猎鹰有较强的攻击性，能够在田猎时发挥重要作用。此外，得力快马也是田猎时的重要帮手。此情此景正如马融在《广成颂》中描写的："狗马角遂，鹰鹯

---

[1] 费振刚等校：《全汉赋》，北京大学出版社，1993年，第187页。

竞骛。"①

汉代田猎活动大致包括准备、出行、检阅、猎获、宴乐、回宫等几个环节。首先是准备工作，官方田猎最先要告知管理山林的官员田猎范围，准备包围田猎场所所需要的木材、罗网，准备田猎所需的野兽，让附近百姓从山林中捕捉野兽，投放在田猎场所。要检查田猎的车马、猎具，派遣先头部队先行抵达田猎场所，除草斩荆，搭设营帐。准备好之后队伍到达田猎场地，安扎军营，誓师严明纪律，然后燃烧火把、击鼓，这时田猎正式开始。整齐排列的士兵逐渐分散，侍从们沿山陵、河流追踪野兽，放出猎犬猎鹰帮助追逐。他们或用短矛刺杀、砍杀猛兽；或用绳索绊倒；或用弓箭射杀。这时田猎场内喧嚣声、嘶吼声、鼓声惊天动地。班固的《东都赋》讲到技艺高超的射手弯弓射箭，熟练的车夫驾车奔驰，根本不用仔细瞄准和选择道路，飞禽走兽还没来得及逃窜就已纷纷落网。田猎完毕，集合队伍，论功行赏，然后祭祀神灵和祖先，犒赏士兵，饮酒赏乐。

三　汉代田猎活动的各种发端及成效

田猎活动是汉代上至贵族下至平民百姓都乐于接受的一种娱乐活动，尤其为上层统治者所青睐。通过田猎活动收获了政治的、经济的、军事的、娱乐的、宗教的多方成效，形成了汉代历史上显著的文化现象。

田猎活动有很强的政治功能，可以维护政治统治和协调政治关系，具体的表现就是监督和激励臣子、团结宗亲、监督地方政治和加强与外族的交流。汉武帝经常赤手搏击熊罴，这实际上带有将野兽当作外敌的意味，其实是向臣子做出表率和示范，以加强他们的国家责任感以共同抵御外敌。皇帝到远离京师的地区田猎还可以顺便考察地方政治，如汉武帝田猎于新秦中，由此发现北地郡在军事防备上的纰漏，汉武帝对涉事官员及时进行惩处并采取补救措施②。另外，田猎活动可以加强与外族的交流，如汉元帝曾邀请胡人一同田猎，让他们享受优越待遇的同时，炫耀汉朝的实力以对其进行政治威慑。

田猎活动的经济效益是显而易见的，田猎获取鸟兽可以作为生活资料，田猎可以为农田除害，田猎物资可以用来补充军用，作为军队的日常物资。《史记》记载汉武帝时山东发生灾难，国家财库严重不足，而商贾大户却借机囤积财物，连列侯和公主都要依靠他们维持生活。在这种情况下，汉武帝下令不再使用钱币，并将白鹿皮制成

① （南朝·宋）范晔撰：《后汉书》卷六十上《马融传》，中华书局，1965年，第1960页。
② （东汉）班固：《汉书》卷二十四《食货志》，中华书局，1962年，第1172页。

货币，以缓和经济危机①；又开放部分山泽供百姓田猎，从而减轻百姓负担②。这反映了田猎物资有作为国家储备的经济功能。

田猎与军事训练密切相关。在古代很长一个时期内，战争武器和田猎工具相同，战争方式和田猎方式相同。田猎和战争中都需要参与者具备勇气、力量、射击及驾驭车马的能力，两者都包括步兵、车兵、骑兵，都以追捕对象为目标，活动所处的环境以及所用的各种策略都很相似。作为中央集权的汉代，统一一直是国家的宗旨，但过程很艰难曲折，因为周边总有匈奴来袭扰。《史记·匈奴列传》记载："汉孝文皇帝十四年，匈奴单于十四万骑入朝那、萧关，杀北地都尉，虏人民畜产甚多。"为此，士兵们以射猎为先，修习战备，战败敌人是大家共同的心愿。汉军对付匈奴有五大长技："轻车突骑""劲弩长戟，射疏及远""坚甲利刃，长短相杂，游驾往来，什伍俱前""材官驺发，矢道同的""下马地斗，剑戟相接，去就相薄"③，这些技能都可以在长期的田猎中得到训练和提高。

田猎活动可以满足帝王贵族的攻击欲与占有欲，可以让他们忘掉烦恼而身心愉悦。田猎一般是处于山林水泽间，草木茂盛，空气清新，身处优美的环境自然容易收获快乐。有时，贵族们并不亲自狩猎，而是通过观赏士兵田猎来获得乐趣。田猎还是锻炼身体和调节负面心态的好方式，如李广在被免职期间常到山林中田猎，借此安抚自我；楚王刘英在流放途中也用田猎排遣苦闷，释放压抑。

古代祭祀一直是非常重要的活动，它几乎涵盖了人类初期精神活动的所有内容。古人在祭祀祖先时，必须要有血食供奉在宗庙或祠堂中的灵位之前。据说得不到血食可能导致亡国丧家。由于这个原因，汉代人在祭祀时必须事先准备好牺牲品，田猎是获得祭祀用品的重要方式。在举行一些祭祀时，皇帝要亲自田猎以表达对先祖和神灵的敬重，而且呈奉的猎物一定要品相好的。另外，猎物也可以作为随葬品。汉武帝去世后，霍光将"鸟兽鱼鳖牛马虎豹生禽，凡百九十物，尽瘗臧之"④，把数百种野兽作为汉武帝的随葬品。

总之，田猎活动是我国古代一项具有多样功能的人类文化活动。汉代的田猎活动呈现出其独有的特质，而且在形式规模和功用上较前代发生了变化，并在社会中发挥着重要功能。关注汉代田猎文化活动，有助于我们了解汉代的社会、文化、政治、经济、礼俗、军事、娱乐、宗教等诸多层面，可以更好地深化对汉代文化史的认识。

---

① （东汉）班固：《汉书》卷二十四《食货志》，中华书局，1962年，第1163页。
② 黎翔风撰，梁运华整理：《管子校注》卷二十三《轻重·轻重甲》，中华书局，2004年，第1426页。
③ （东汉）班固：《汉书》卷四十九《爰盎晁错传》，中华书局，1962年，第2281页。
④ （东汉）班固：《汉书》卷七十二《贡禹传》，中华书局，1962年，第3071页。

参考文献

[1]（西汉）司马迁:《史记》，中华书局，2011年。

[2]（东汉）班固:《汉书》，中华书局，1962年。

[3]（南朝·宋）范晔撰:《后汉书》卷六十上《马融传》，中华书局，1965年。

[4] 黎翔凤撰，梁运华整理:《管子校注》卷二十三《轻重·轻重甲》，中华书局，2004年。

[5] 费振刚等校:《全汉赋》，北京大学出版社，1993年。

古老神秘的棋类游戏
——六博棋

韩姗姗

在北京市大葆台西汉墓博物馆，出土有这样的一组文物：他们是象牙质地的六面长方体，边缘阴刻的直线为框，框内阴刻龙、虎、凤图案。这便是一组六博棋子（图一）。

图一　北京大葆台汉墓出土六博棋

一　什么是"六博"

六博棋是古代棋戏的一种，在春秋战国和秦汉时期都非常盛行，也有许多人认为，六博是象棋、国际象棋等兵种棋盘类游戏的鼻祖。据文献记载，西汉时期的文帝、景帝、武帝、昭帝、宣帝都十分喜欢"六博"游戏，朝廷还设有专门的博待诏官。六博棋的行棋之道与当时的兵制十分相似，是象征当时战斗形式的一种游戏。

六博棋亦称博戏或陆博，《楚辞·招魂》中有："蓖蔽象棋，有六簿些；分曹并进，遒相迫些；成枭而牟，呼五白些。"其中的"六簿"便是六博棋。由此可见，早在战国时期，六博棋就已经出现并且受到广泛的欢迎了。

那么，六博棋究竟是长什么样子呢？关于这一点我们可以参考鲍宏在《博经》中所说的："用十二棋，六棋白，六棋黑，所掷头，谓之琼。"即是说，下六博需要用六黑六白十二枚棋子，还需一个用来投掷的琼，再加上一个棋盘，便是一套较为完整的六博棋具了。

二　"六博"的玩法

在湖南长沙马王堆西汉墓中，就出土有一套完整的六博棋棋具。其中除了之前所提到的棋盘、棋子和投掷用的琼（骰子）外，还有长短不一的箸（图二）。这是因为六博棋的玩法有大博与小博之分。

六博的棋盘在当时称为"楄"，一般都是木质的，呈方形。棋盘的表面用黑漆或白漆涂抹。在棋盘四周是一个大方框，中间还有一个小方框。小方框的周围布有棋路，当时称为"曲道"，共有十二条。棋盘小方框的四周还有四个圆点。六博中有十二枚棋子，一般都是用象牙、玉石或金属制作的。十二枚棋子分为两组，有的分为黑、红两组，有的分为黑、白两组。棋子的形状是长方形或正方形，一般同等大小，但是也有一大五小的。每组的六枚棋子中都有一个称为"枭"的棋子，其他的五枚则统称为"散子"。六博中的箸，其实就相当于现在的骰子，一般有六根。箸是用半边细竹管制成的，中间填金属粉后再涂上漆料，剖面呈新月形。六博行棋之前，要先投掷六根箸，根据投掷的结果行棋。在投掷时，六根箸根据正反的不同，就可以得到不同数目的筹码。西汉时候的"箸"已经用"茕"代替。"茕"一般是用竹子、木头或者骨头制作的。有些呈正方形，有些则是十八面体。十八面体的茕中的十六面刻有一

图二　湖南长沙马王堆汉墓出土六博棋

至十六的数字，还有两个相对的面分别刻有胜负的符号。行棋的方式更是多种多样，但具体的玩法早已经失传。据南北朝时北齐文学家颜之推的《颜氏家训》中记载："古为大博则六箸，小博则二茕，今无晓者。比世所行，一茕十二棋，数术浅短，不足可玩。"

　　大博的具体玩法：对弈的双方先在各自的棋盘曲道上布置六枚棋子。六枚棋子中有一个"枭"子，决定胜负的关键在于捕杀对方的"枭"，其他的五枚"散"子分别是卢、雉、犊、塞（有二枚）。双方轮流进行投箸，然后根据投掷的结果（即箸的正反数量）走棋。需要说明的是，投出的数越大，走棋的步数自然就越多。双方互相进攻，步步紧逼。"枭"可以吃掉对方的"散"子。双方要通过自己的"散"子配合"枭"来杀掉对方的"枭"。

图三　湖北宜城市博物馆藏东汉
禽兽规矩纹铜镜

　　西汉之后，特别是进入东汉之后，以茕为博具的小博玩法盛行。这种玩法中的胜负关键是看双方谁吃的子多。小博的玩法在古籍中的记载比较详细，晋人张湛在《列子》的注里，引用了一段《古博经》："博法：二人相对为局，局分为十二道，两头当中为'水'，用棋十二枚，古法六白六黑。又用'鱼'二枚，置于水中……二人互掷彩行棋，棋行到处即竖之，名为'骁棋'。即入水食鱼，亦名'牵鱼'。每牵一盔，获二'筹'，翻一盔，获三'筹'……获六'筹'为大胜也。"小博玩法的用具有了一些改变，但基本上还是用原来的六博棋盘。双方还是各自拥有六枚棋子，分别布置在十二条曲道上。但这时候棋盘上十二条曲道的两头中间被称为"水"。双

图四　陕西咸阳汉阳陵出土六博棋盘

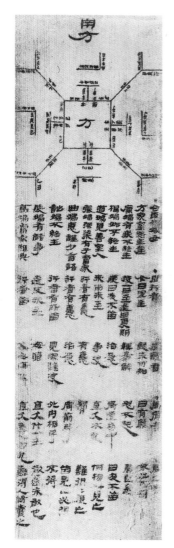

图五　江苏连云港尹湾汉墓出土"博局占"简牍

方各有一个圆形的棋子"鱼"，被放在"水"中。走棋之前，双方轮流投掷箸，然后根据投掷箸后得到的数字走棋。棋子行进的过程中，一旦进入到规定的位置，就可以竖起来，此时的这枚棋子被称为骄棋。"骄棋"入"水"扑捉"鱼"的过程，称谓"牵鱼"。"牵鱼"一次可以赢得两根博筹，二次为三根博筹。最先赢得六根博筹者为胜者。

可惜的是，由于六博棋更加具体的玩法已经在漫漫历史长河中失传，我们只能从文献中的只言片语来对此推测一二。

三　"六博"的延伸——规矩纹和博局占

我国古代铜镜中，有一类被习惯称为"规矩纹镜"，这种镜主要流行于两汉之际。其镜纽较大，多作半球状，在纽座外有一方框，框外有形式"L""T""V"的规矩纹饰。这样的形状，和六博棋棋盘上的图案是十分类似的，所以也有许多人认为，这种在汉代十分常见的"规矩纹"其实正是人们将六博棋的棋盘图案作为装饰而形成的图案（图三、四）。这也侧面地证明了在当时，六博棋是一种非常受欢迎且流传广泛的棋艺活动。

在江苏省连云港市的尹湾汉墓出土的西汉晚期简牍中，提到了一种叫作"博局占"的占卜法，将棋盘上棋子的位置与天干地支结合，卜测吉凶，这也是古人对于"六博"的一种延伸（图五）。

四　结语

六博棋自春秋战国至两汉盛行，汉代以后，六博逐渐地转化为一种赌博的形式。随着丝绸之路，六博曾经传入西方，东晋十六国的时候，曾经传入印度，但隋唐以后便逐渐消亡。六博被许多人认为是象棋等许多种现代流行棋类的起源，不但本身具有十分重要的历史价值，从历史文献和出土文物来看，六博也曾经十分融入人们生活的方方面面，其中还承载着深厚的文化内涵。如今，随着考古发现和历史文物研究工作的不断推进，这种已经失传的古老棋类游戏也许终有一天会揭开它神秘的面纱。

参考文献

[1] 董丽霞：《历代文献中六博戏史料考究》，《山花》2015 年第 8 期。

[2] 王敬：《"规矩纹"铜镜考辨》，《江西文物》1991 年第 4 期。

[3] 金爱秀：《汉代的六博文化研究》，《寻根》2015 年第 11 期。

中国早期冶铁技术与"渔"字铁斧

尉　威

中国开始出现铁器制造，大致起源于公元前14世纪，在甘肃陈齐磨沟寺洼文化墓地中发现了早期铁器。而中原地区较多的出现铁器则是到两周之际（西周和东周之间）的公元前8～前7世纪，公元前7世纪以前的铁制品主要以块炼铁（铁矿石较低温度下反复锻打）和陨铁（铁陨石）为原料，产品仅见于贵族墓葬的铜、铁（或金、铁）复合兵器，如戈和短剑等。

到了春秋（公元前770～前476年）早、中期中原列国的冶铁技术还处于初始试验阶段，工匠们通过总结贵族复合兵器生产的经验，开发出了用于浇铸生产工具的生铁技术。

生铁是含碳量大于2%的铁碳合金，与块炼铁不同，生铁的出现必须依靠能达高温和强还原气氛的高炉和陶范技术，而中国古代冶铜技术则为生铁的大规模应用提供了重要基础。

我国古代对各种窑炉、高炉的使用水平很高，殷商时期陶窑火力已能达到1200摄氏度，金属炼炉温度当然可以更高。到西周或东周初年，炼炉温度可能达到1300摄氏度以上，这就使炼铜原料中易还原的赤铁矿炼出生铁成为可能。生铁的熔化或凝结的临界温度是1150摄氏度左右，而熔化成适合铸造的铁水则是1350摄氏度左右，所以大致在春秋时期中原地区冶炼生铁的物质基础已经具备。

由于生铁硬度较高且性脆，退火和脱碳技术就成为生铁大规模应用的关键技术。

根据考古资料，在春秋晚期或春秋战国之际，退火技术已经零星地在中原地区出现。令生铁工具的性能更好、更有用。到了战国晚期，退火、脱碳工艺都已经广泛出现在各个地区的铁器制品中。据统计战国至西汉期间出土的铁质农具，几乎都为铸铁，其中，约六七成是韧性铸铁，说明当时这种技术已经很成熟。在一些冶铁业较为发达的地区，如韩国，其代表性的"郑韩故城"遗址，不仅出土了大量的铁器，而且这些铁器还因用途和属性的不同进行了多种类型的技术处理，甚至还有大量的"板材"和"条材"等原料型的型材，反映了其发达的冶铁产业，也印证了《战国策·韩策》所著"天下兵器韩为重"的记载。

北京大葆台汉墓一号墓所在的燕地，在春秋战国时代属于燕国。燕国在当时七国中实力最弱，地处边陲，基本上甚少涉足争霸中原之战事。然而，战国时期与铁器相关的发现中，燕国却是非常重要的地区，不仅出土的铁器数量多，分布范围广，而且质量在当时的中原地区属于较高水平。

从一些燕国的冶铁业遗址来看，这些铁制品除了具有和中原地区主流冶铁技术相一致的技术水平，还展示出当地铁器脱碳退火工艺已经具有严格的统一规范。这也是当地冶铁业出现产业化的证据。

想要让一件生铁制品获得比较可靠的退火处理就需要将成品保持在900摄氏度的温度下，并维持一段时间，然后控制降温的速度。这在没有科学仪器的年代，需要工匠们靠经验摸索其中的规律。

但从工艺角度讲，燕地的铸铁脱碳退火的时间和温度尚未出现突破性的改变，其中比较突出的方面是：当时燕地的冶铁产品普遍存在退火不完全，脱碳层整体不够稳定。同时，同一件器物脱碳层分布不均匀，金相差异较大的现象十分明显，显示出当时的工匠对于退火温度和时间对性能的影响还没有足够深入的认识，这也是战国时期冶铁业普遍存在的问题。

进入汉代，燕地的冶铁业在前代的基础上有了较大的进步。北京大葆台汉墓一号墓共出土了37件铁器，其中10件经过北京钢铁学院作了金相分析：3件为铸铁，2件为块炼铁，4件为生铁固态脱碳钢，还有1件因系较早期的铁器，腐蚀严重，组织鉴定困难，但从器形及以往鉴定的类似物品推测为铸铁件。

最能代表汉代燕地冶铁业水平的产品，无疑是北京大葆台汉墓出土的"渔"字铁斧。这件器物为白口铁铸铁件，经过退火脱碳处理，表面有0.005厘米的脱碳层，向里0.06厘米为珠光体层。在使用时表面层为韧性很高的珠光体层，可以减少崩裂；而刃口部分磨去脱碳层后，将会有很高的硬度，很适合其作为斧子的用途。整件器物不仅退火很完全，而且整件器物的脱碳层分布均匀，反映了当地较高的技术水平。这说明当时渔阳地区的冶铁技术已经很先进，可以作为向外地输出的产品。同时也是这件铁斧会被铸上"渔"字标签和出现在广阳国境内的原因。

参考文献

[1] 王淡春、罗武干、蔡全法、宋国定、王涛、王昌燧：《郑韩故城出土战国晚期铁器铸造工艺分析》，《华夏考古》2016年第4期。

[2] 刘云彩：《中国古代高炉的起源和演变》，《文物》1978年第2期。

[3] 杨际平：《试论秦汉铁农具的推广程度》，《中国社会经济史研究》2001年第2期。

[4] 包明明、章梅芳、李晓岑：《秦汉时期铁制农具的统计与初步分析》，《广西民族大学学报（自

然科学版）》2011年第3期。

[5] 林永昌、陈建立：《东周时期铁器技术与工业的地域性差异》，《南方文物》2017年第3期。

[6] 韩建业：《新疆地区的早期铁器和早期铁器时代》，《社会科学战线·区域历史与文化》，2018年第7期。

[7] 大葆台汉墓发掘组、中国社会科学院考古研究所编：《北京大葆台汉墓》，文物出版社，1989年。

第四章　出行威仪

趣谈车马文化

——从北京大葆台汉墓出土的车马器谈起

马立伟

北京大葆台汉墓是西汉中晚期墓葬，一号墓和二号墓都使用了真车马陪葬。其中一号墓为13匹马，3辆车；二号墓为12匹马，3辆车，车马器多采用制作精美的鎏金和错金工艺，随葬出土了铜车䡨、圭形铜当卢、错金银马头铜当卢、铜衔、铜泡、银泡、铜扣别、车辖和铜节约（图一）等。

在我国古代，车马是人们进行远途贸易活动和运载货物的交通工具，在战争中是作战时必备的军事设施，也是贵族日常外出时骑乘的主要工具，能够彰显一个国家的综合国力和贵族的身份、地位。据说最早的车是夏代的车正奚仲发明的，据考古发现，我国在商代晚期就已出现青铜车䡨，铜质的车䡨一直流行到西汉前期，以后便用铁铸造了。西周时期开始出现车马制度，到春秋战国时期，由于战乱频仍，诸国林立，拥有战车的数量也成为衡量列国军事实力的标志之一。一般四匹马拉的车一辆为一乘，《论语》里就曾记载齐景公有马千驷，我们常说的"君子一言，驷马难追"中的"驷马"就是指这样的车马。如果是作为战车，就是一个战斗单位，一般75人的兵员为一乘。

此外，车马还被视为等级身份的象征。据礼书记载，从周天子到诸侯、卿大夫，都是用车的结构、驾马的数量、车马器的形制和车的装饰区分等级。古代皇帝赐给诸侯、大臣有特殊功劳的人是九种礼器的最高礼遇，被称为"九锡"，第一个赐予的礼器就是车马。包括金车大辂（就是车辕上用来挽车的横木）和兵车戎辂、黑马八匹，表明受赐诸侯和大臣的品德可被赐予车马。

图一　北京大葆台汉墓出土铜节约

那么这些车马器都有哪些用途？它们的背后又有着哪些有趣的故事呢？

我们先来说说车軎，车軎是古代车上的青铜部件，形状像个圆筒，两端相通，套在车轴的两端，将车轮固定在车轴上，上面有孔，用来和"辖"一起用。北京大葆台汉墓一号墓共出土4件铜车軎，二号墓出土2件车軎，长5.5～6.5厘米，厚0.4厘米，軎身是中空的，中腰有个凸出的棱子，车軎的头部还有一个弯曲的铜板。在考古发掘的战国早期曾侯乙墓中，就出土过76件青铜车軎，其中有两件矛状车軎非常罕见。这两件车軎的上部为矛，下部带有圆形套口，通高41.1厘米，矛刃部为齿状切口。作战时，会被安装在车轮的轴头上。在战车高速冲击时，这种武器在车轮的带动下高速旋转，好像是一面青铜刮刀，在冷兵器时代对人马的杀伤力很强。

我们再来看看圭形铜当卢。"圭"是古代帝王和诸侯在举行大典时拿的一种玉器，是用来礼敬东方之神的，圭必须是青玉琢成，不能用其他玉来替代。《周礼·考工记·玉人》中，仅圭的名称和品种就列出十余种之多，如镇圭、桓圭、信圭、躬圭、大圭、裸圭、沈圭、圭璧、谷圭、圭璋等。另外圭也是古代用来测量日影的仪器，如圭表。而当卢则是古代系于马头部的饰件，一般放置在马的额头中央偏上部，也就是马鼻革与额革部位交接的地方。铜质的当卢盛行于商周时期，北京大葆台汉墓一号墓出土的圭形铜当卢长27.7厘米，素面，背面有半环形纽，用来系带固定。"当卢"的"卢"字通"颅"，是"头颅"的意思，由于位于马头颅的正中央，所以被称为"当卢"①。在西汉海昏侯墓中的车马坑中，出土了80余件金属当卢，其中有4件青铜错金银当卢上的动物图案，做工十分精美，形象栩栩如生，得到许多专家的赞誉。上面的图案有代表日月星辰的动物，表现的竟然就是2000多年前的《日月星象图》，令人叹为观止，不亚于曾侯乙墓里出土的衣箱上的二十八星宿图，为我们提供了古代天文学的知识和密码，极具审美和神秘色彩。

铜衔在北京大葆台汉墓一号墓和二号墓里都有出土，共有2件，分别由两节和三节组成，用环相连。衔就是我们常说的马嚼子，是连着缰绳上套在马嘴巴上的金属部分，用来控制马匹的活动。有一段故事就和马衔有关。南北朝时，北魏孝文帝迁都洛阳。当时的洛阳令叫元志，他很有才学，非常鄙视那些无能的官僚。一天，他在街上乘车威仪出巡，声势很大，百姓都纷纷回避。正巧，前面过来一班人马，为首的是大官僚李彪，比元志的阵势还要大。本来元志官小，要给李彪让路。可元志觉得李彪没什么本事，就偏不肯让，还把路堵住了。最后事情闹到孝文帝那里，二人请皇帝评判。孝文帝笑着说："你们俩还是分道扬镳吧！"这里说的镳就是马嚼子，扬镳的意思就是驱马前行。分道扬镳就是说把马勒口提起来驱马前进，指分路而行。后来比喻

---

① 潘炼：《东周镂空青铜当卢及相关问题探讨》，《艺术百家》2014年增刊。

志趣不同，各走各的道路。这就是大家熟知的成语"分道扬镳"的典故。

铜泡和银泡都是马具上的装饰品。北京大葆台汉墓共出土48件铜泡和银泡，其中一号墓出土21件铜质和银质；二号墓出土27件，为铜质，形制相同，椭圆形，背面有双横梁，作为固定使用。据史书记载，战国时的赵国名将李牧在抗击匈奴时，使用加长的车辕和铜制的轴承，车前的驷马戴着头盔、披着坚甲，车上的战车兵用铜鳞护皮甲、铜泡镶战靴，手执长戟或长戈，威武无比。

此外，北京大葆台汉墓还出土了113件铜盖弓帽，采用铜质鎏金工艺，其中一号墓出土44件，二号墓出土69件，是伞骨尖端的插盖器物，用来固定伞面。这些盖弓帽看似不起眼，却具有很高的考古价值。无独有偶，清咸丰十年（1860年），英法联军火烧了壮丽恢宏的圆明园后，一件价值连城的西汉鎏金龙首形盖弓帽被侵略者掠夺并流失海外，后来这件国宝被中国保利集团公司购回，现收藏于北京保利艺术博物馆。

车轙是车衡（车辕端的横木）上贯穿缰绳的大环，位于车衡两侧，马嘴上的缰绳分别从轙孔中穿过到达驾车者手中，可避免缰绳缠绕在一起。北京大葆台汉墓出土的车轙有25件，呈半环形和菱形，固定在车衡上，用来贯串马辔，马辔是驾驭牲口的嚼子和缰绳。说到"衡"字，"平衡""衡量"等常用语都和这个字有关，东汉张衡在他的《东京赋》里就有"龙辀华轙，金錽镂钖"的诗句，用来形容东京洛阳车马繁华的景象。

"节约"在古代指马络头上带与带相交的饰件，指像竹节一样缠绕束缚的意思。青铜节约始于殷商，盛于西周，秦汉时沿用，后来用革绳结扎成扣代替。北京大葆台汉墓共出土铜节约24件，其中一号墓出土18件，二号墓出土6件，背面大部分为双环鼻子，正面鎏金，有的镶嵌玉片，有的刻有错金银丝花纹和狗熊的图案。鎏金是一种古代工艺，就是把金和水银合成金汞剂，然后涂在铜器表面，经过加热使水银蒸发，金就附着在器面不脱。错金银也是一种工艺，就是用铜镶嵌和涂画的方法在器物上布置金银图案。

在现代社会里，节约是一种勤俭节约的美德。实际上，古代不少君王也非常节俭，例如汉文帝刘恒就非常节俭，在他即位后就下令减少徭役的费用，减轻民间的负担，将宫里多余的马都运送到驿站去，以降低相应的开支，创立"文景之治"的治世气象，为后世的汉武帝打下了良好的基础。

铜车轭角饰，本意是指驾车时套在牲口脖子上的曲木，挽车时夹在马脖子上，在《仪礼·既夕礼》和《荀子·正论》等文献里都有记载，后引申为束缚和控制的意思。北京大葆台汉墓出土2件铜车轭角饰，铜质兽头，后尾分为两叉下曲，头顶上有一个小环，衡上在两车轙之间有一个人字形木构件。关于车轭还有一个寓言故事。有一天一个郑国人在路上捡到一个车轭，由于他从未套过牲口驾过车，所以不认识这是个什么东西。回家后，他拿着车轭去问邻居，邻居告诉他这是车轭，但他并没在意。第二天，这个人又在路上捡到一个车轭，他又拿去问邻居，邻居又告诉他这也是车轭。没想到这个郑国人听后勃然大怒，认为邻居在骗他，就和邻居打起架来。这则寓言是告诫人们，不要像这个郑国人那样，明明是自己愚昧无知，还不虚心向别人请教，反而怀疑别人欺骗自己，令人耻笑！

北京大葆台汉墓二号墓出土了12匹马，3辆车，都是木质双轮单辕车，长方形车舆，四周有方格形的围栏，古代把马车车厢叫作"舆"，舆前面的横木叫作轼，可以凭依扶手。古人乘车是站在车舆里的，叫"式"，行车途中如果要表示敬礼的姿势就是扶式俯首。古代有五种驾驭车马的技术，其中一种技术被称为"过君表"，就是驾车经过天子表位时，要有致敬的礼仪。

历史发展到今天，这些种类繁多的车马器虽然已经淡出历史的舞台，但是车马文化已经渗透到我们的语言、文字甚至是社会伦理当中。例如我们今天常说到的许多词语中都沿袭了车马文化，如"管辖""辐射""发轫""绥靖""辕门""节约"等等都与车马器有着密切的关系。这种文化不仅为我们的生活平添了意趣品味，也同样蕴含着深刻的历史文化内涵和伦理道德境界。

参考文献

[1] 赵丹：《试论两汉随葬车马明器》，《考古与文物》2020年第2期。

[2] 刘尊志、赵海洲：《试析徐州地区汉代墓葬的车马陪葬》，《江汉考古》2005年第3期。

[3] 潘炼：《东周镂空青铜当卢及相关问题探讨》，《艺术百家》2014年增刊。

尚武之风
——从北京大葆台汉墓出土兵器谈起

宋伯涵

"明犯强汉者，虽远必诛！"这是西汉名将陈汤在击败匈奴郅支单于之后，为自己假传号令，私自调动军队所进行辩护的说辞（图一）。因为此次大捷，汉元帝不仅赦免了陈汤的矫诏之罪，更是加封他为关内侯，在他逝世时，又追封"破胡壮侯"。这是中国古代尚武精神炽烈的一个时期，开疆拓土、征伐四夷的表象之下是对国家尊严不容侵犯的决心。汉代勇武奋战的民族性格，为后人留下了投笔从戎、马革裹尸、封狼居胥、燕然勒石等等典故。汉代为华夏民族开拓了万里疆土，更是留下了"国恒以弱灭，独汉以强亡"的极高后世评价。

图一　宋刻本《前汉书》卷七十

一　帝国北境

西汉时期，汉武帝在帝国东北边境建置幽州刺史部，简称幽州，其辖境主要包括今河北省中北部、北京地区、辽宁省几近全境以及朝鲜半岛北部地区。幽州是西汉帝国北部边境的战略要地，因而其边防体系的建设与完善便成为国家边防建设的重点。

《汉书·地理志》记载幽州下辖九郡一国，其中就包括广阳国。广阳国本为广阳郡，秦灭燕而于燕地置广阳郡。西汉时期广阳时而为郡，时而为国，但始终归属幽州所辖。北京大葆台汉墓就是广阳顷王刘建的墓葬，随葬出土了漆弓、铁戟、铁刀剑等汉代的常用兵器，此外还有一件独特的"错金银八棱铜兵器"。汉代人事死如事生，将兵器带入地下陪葬，可以说明汉代的尚武之风、军事边防已经成为这一地区日常生活的一部分。

早在先秦时期，燕地民风就以剽悍尚武著称，战国著名军事家吴起就已经注意到燕国"其民好勇义"。西汉时期，幽州地区军事边防的发展使得当地文化风格带有浓重的军事化特征，尚武之风浓烈深刻。

二　长弓劲弩

汉代远射类兵器主要有弓和弩，其中以弩为主，弓次之。北京大葆台汉墓出土的漆弓已残损为数段，且由于此墓葬早惨遭盗扰，弩机有可能遗失，而弩臂又是整个弩中最脆弱易腐的部分，所以这究竟是单独使用的弓还是弩弓已经不得而知了。汉军视弩为第一兵器，据居延汉简记载，驻守边关的汉军边防步兵部队装备的兵器，弩占六成，其他兵器合占四成。

弩，或称有臂之弓，是一种利用机构射箭的弹射兵器。在火器发明之前，弩可"发于肩膺之间，杀人百步之外"，为中国历代兵家所重视。西汉文帝时，晁错曾指出汉军在对匈奴的战争中，武器装备和战术占有五大优势，其中三项，皆与弩有关。汉军凭借强弩优势，多次取得对匈奴骑兵作战的胜利。

通常弩机包括望山、牙、钩心和悬刀四个零件，各零件通过键穿孔固定和牙齿咬合而连成一体，便于控制、瞄准、击发和射击。用弩射击，张弓力大，可用来组织齐射和伏击，也可用于城垒攻防和水军作战。

西汉武帝天汉二年（公元前99年），骑都尉李陵率汉军5000步兵在濬稽山（今蒙古国戈壁阿尔泰山坡中段）与匈奴3万骑兵遭遇。李陵以大车为营阵，前卫持戟盾，后卫张弓弩，千弩俱发，击退匈奴骑兵，初战告捷。

汉武帝时，丞相公孙弘上奏要求禁止民众持有弓弩，因为如果有十个盗贼手持弓弩，就算有上百个官吏也不敢上前去抓捕，坏人就总是可以逃脱，这样对盗贼是有利的。禁了弓弩以后，盗贼只能手持短兵，人多势众的官吏就很容易抓住这些盗贼，这样盗贼就因为害怕被抓而不敢再犯罪，吾丘寿王却有不同的看法：听说古时圣人用射箭进行教化，从未听说有禁止射箭的。而且现在说要禁弓箭是因为盗贼，盗贼本来就不遵守国家的法度，即使禁了弓弩，盗贼依旧有办法获取。我却担心守法的良民没有了弓弩用以自卫。这就是放纵了歹徒而又剥夺了好人自卫的能力，同时也让人们学习射礼变得很不方便。

在《后汉书·光武帝纪第一·上》中还有一段有趣的记载："王莽败亡已兆，天下方乱，遂与定谋，于是乃市兵弩。"这是说光武帝最初准备起兵的时候，去街市上买弩。弩作为主战兵器，在汉代却允许民间持有，随意买卖，可见对于当时的民众来说，武器已经成为生活的一部分。

三 钢铁之心

秦汉时期是我国古代冶铁技术发展成熟的重要时期，这一时期的铁兵器，无论是数量、品种，还是质量、技术上，都达到了一定水平。秦代的铁兵器虽有所发展，但并未占据主导地位；西汉时期尤其是西汉中晚期，才是铁兵器发展的关键时期，也是铁兵器取代铜兵器的重要节点。北京大葆台汉墓就属西汉中晚期墓葬，出土有铁戟、铁刀等钢铁兵器。

环首刀诞生于西汉时期，由钢铁经过反复折叠锻打和淬火而成的利器，是当时非常先进、杀伤力极高的冷兵器，也是西汉时期对战匈奴的主战兵器之一。

之所以说西汉时期尤其是西汉中晚期是铁兵器发展的关键时期，其原因有以下几方面：第一，自汉武帝以来，全国开始实行"盐铁官营"政策，并在全国49处重要冶铁地区都设置"铁官"来管理当地的冶铁业，而这些铁官所铸器物主要是兵器，其次才是农器。在西汉中晚期，官营铁官作坊的兵器生产为其主要内容，铁兵器获得了大量生产。

这一时期的冶铁技术开始逐步走向成熟。西汉中晚期高炉的大型化和复杂化无疑是冶炼技术提高的最好证明，如在河南鲁山望城岗冶铁遗址中发现西汉中晚期的椭圆高炉，该炉将出铁口与出渣口分开，不仅提高了工作效率，而且还增加了填料的工作台和充分利用自然河流作动力的原理向高炉内鼓风，以节省大量劳力。其次，西汉中晚期铁兵器的制作技术也有了较大的发展。在这一时期，块炼渗碳钢、淬火等技术和工艺开始走向成熟并得到广泛应用"百炼钢"技术也有了初步发展等，这些都促进了铁兵器制作性能的提高和大量生产的实现。

四 袖里乾坤

除了常见兵器之外，北京大葆台汉墓还出土了一件独特的"八棱铜兵器"。据发掘报告所言"八棱兵器出土于内棺盖板上面，已压弯折。八棱，铁心外包铜，顶和柄端包银，器柄铁心外嵌金箔一圈，金箔两侧缠以丝绳，周身错菱形银纹和红铜丝涡纹。长48.5厘米"。

基于其为"八棱"的形制，对比汉以前的类似形制的兵器，"殳"满足"八棱"这一条件。"殳"的原型实物可以追溯到我国新石器时代晚期。目前出土最早的殳是甘肃武威皇娘娘台齐家文化遗址的齿轮状殳，其表面有明显撞击痕迹，可以推测是用来狩猎的工具，形制简单。比如秦末陈胜吴广揭竿而起，所持战器就是殳。殷周时期青铜冶铸也还不是很发达，所以殳的制作方式还是比较简单，但较之早期的木殳已经初现标准殳型的端倪。

图二　甲骨文和金文中的"殳"字
1.商代甲骨文　2.西周金文

《周礼》中有"殳，以积竹，长丈二尺。八觚。建于兵车。旅贲以先驱"的记载。根据这条信息，八条棱线是殳的重要特征之一。据此猜测，八棱铜兵器有可能是一种神秘的古代兵器——殳。不同于如今人们孰知的刀枪剑戟等冷兵器，殳的具体形制特点很难说清楚，无论民间传说还是古籍文献中的记载都众说纷纭。就目前考古发现来看，殳的形状在不同的历史时期发生了一系列变化，即使是同一时代也有多种不同的式样。

在商代甲骨文中就有殳的身影。在甲骨文中殳字是一个手持棒状器具的人形，而棒状物的顶端有锤头形的也有尖刺形的。从甲骨文中我们就已经可以看到对殳的形状描述出现了分歧（图二）。

曾侯乙墓曾经出土一种长杆钝击兵器，同时出土的竹简记载这种兵器叫"晋殳"，"晋"指的是戈、矛等兵器下与长杆连接的金属套，晋殳只有晋而无刃。殳应分有刃和无刃两种。但过去文献中只载无刃殳，令后世不明有刃殳的形制。有学者将殳分为两类，即有锋刃的击刺两用长柄格斗兵器和无锋刃的礼殳。从八棱铜兵器的外观来看，它既没有刃也无尖锋，应属于礼殳。

根据"建于兵车，旅贲以先驱。"的记载，殳最初是用于开路的，如果遇到马车多且拥堵的路段，就直接拿殳撞击。帝王或诸侯出征时，勇士执殳开道，职掌军权的军队头领则把它放到车前行军。殳在先秦时期是常用兵器，这一时期的殳多带尖刺或锤头。秦汉流行的殳，则已经是类似于杖的钝击兵器，西汉中晚期其实战价值多以被替代，由此推测殳的象征意义被强化，尺寸缩短便于携带，表面装饰更加华贵，类似于后世的礼仪配剑。

关于八棱铜兵器的真实身份，还有一种推测认为它是袖椎，亦作"袖鎚"，通"袖锤"，是中国古兵器的一种，有长柄单锤、短柄双锤及链子锤等。锤形似瓜，故亦称"立瓜""卧瓜"，也有四方八棱等形，古代持锤者称为"金瓜武士"。短柄双锤，非常沉重，舞练需要较大的力量。在战斗中用锤硬砸、硬架，很有威力。用法有涮、曳、挂、砸、擂、冲、云、盖等。

在《史记·魏公子列传》中，魏安禧王二十年，秦围赵，魏使晋鄙领兵救赵，鄙按兵不动。魏公子信陵君以计盗兵符，用夷门隐士侯生策，使"朱亥袖四十斤铁椎，椎杀晋鄙"，夺其军，进击秦兵，解邯郸之围。袖中暗藏铁椎，后遂用为典故。

无论哪一种推测，从外形来看八棱铜兵器都是一种钝击兵器，钝击兵器可以说是人类兵器史的开端，石块和木棒等钝击兵器是人类最早使用的武器。钝击兵器虽然较为原始，但是与锐兵器相比具有几大特质，使它在经历了漫长的冷兵器时代之后不仅没有被淘汰反而不断发展沿用至今。第一是非致命杀伤性，只要合理控制钝击兵器的重量和挥击力度，就可以有限度的使用武力，不至于造成过大杀伤。比如警棍等器械，可以驱散或是制服敌人，又几乎不会致死或造成严重伤残。第二就是钝击兵器的耐久性和可靠性，钝击兵器通常结构简单结实，在使用过程中不易损坏。而锐兵器的锋刃不仅需要良好的保养和打磨，还容易在战斗过程中损毁。第三就是钝击兵器可以有效杀伤穿着盔甲的敌人，搭配战车或马匹使用的钝击兵器可以产生巨大的冲击力，这样无须直接刺穿盔甲，就可以对盔甲保护下的人体造成有效的杀伤。

陈汤曰："夫胡兵五而当汉兵一，何者？兵刃朴钝，弓弩不利。今闻颇得汉巧，然犹三而当一。"说的是一名汉军士兵可以抵得上五个胡人士兵，这就是因为武器技术优势，虽然胡人现在学到一些汉朝的技术，也只能做到以三人抵一汉军士兵。可以想象外敌面对汉军的劲弩长戟、坚甲利刃时的恐惧。

历史一次又一次的证明，为了维护国家尊严，捍卫国家主权和领土完整，就必须加强国防和军事现代化建设。广大人民群众的爱国热情和尚武精神是国防建设的基础。自由从来不是免费的，尊严也不靠任何人施舍。我们反对战争，但我们不怕战争！

参考文献

[1] 李小白：《汉代尚武精神的嬗变与"英雄"文化的生成》，《西南大学学报（社会科学版）》2021年第1期。

[2] 杨琳：《兵器殳的历史演变》，《南方文物》2014年第4期。

[3] 张洪安：《古殳校考》，《中原文物》2013年第3期。

[4] 王开文：《殳的形制及功用考辨》，《西安体育学院学报》2001年第3期。

[5] 刘秉果：《汉代的体育发展与尚武精神》，《体育与科学》1993年第6期。

[6] 杨泓：《考古学与中国古代兵器史研究》，《文物》1985年第8期。

战车前进!
——从北京大葆台汉墓殉葬车马谈起

宋伯涵

图一　篆体的
"军"字

"车辚辚，马萧萧，行人弓箭各在腰"。这是诗人杜甫笔下描绘的出征场景，那时的诗文中战车就已经作为一种意象而存在，由此就自然烘托出了战争的紧迫气氛。"军"字就来源于战车，在《说文解字》中的解释有"军，兵车也"（图一）。

中国的战车源于商代，历经西周、春秋至战国。兵车在古代战争中驰骋，车战是这一时期主要的作战形式，战车构成了军队的核心。先秦，战车的数量成为衡量一个国家国力的标准。汉代，骑兵发展为军队的主力兵种，战车在战场上的核心地位逐渐被取代，但是战车所蕴含的社会价值却不能够被轻易替代。战车是一种代表权力与威望的武器，贵族们想要与他们的战车葬在一起，是想把战车带入来世。战车作为身份的体现，阴间的神灵可以由此而认出他们是重要人物。西汉广阳王陵的殉葬车马坑内就葬有3辆真车和11匹马，就全国发现的西汉诸侯王、后墓来看，汉代北方诸侯国以真车马殉葬较为常见，且多位于墓坑内。除广阳王陵，还有齐、鲁、中山、常山等诸侯王陵采用了真车马殉葬。此外，出土的殉葬车辆上常见承弓器、弩机等兵器。《后汉书·舆服志》记："戎车，其饰皆如之。蕃以矛麾金鼓羽析幢翳，胄甲弩之箙"，详细表述了汉代战车所使用的矛、箭矢、弓弩、甲胄、箭筒等武备，与出土车辆上配备的武器情况相吻合。

虽然，北京大葆台汉墓车马坑中殉葬的真实车辆其木结构历经2000多年早已腐烂，木材消失后留下的空腔被土壤填满，但依据土壤颜色的变化寻找空腔形成的土壤痕迹，从而判断车辆的轮廓。剔除多余的土壤之后，古车的基本形状才能浮现出来。由此可窥当时战车之壮观。

一　战车的演变

在世界战争史上，车战的起始时间最迟下限亦在公元前2600年，但最早上限亦不会超过车子的起源时间即公元前3500年左右，不过这时的车战是牛车战或驴车战，而真正的马车战只能追溯到商中晚期。

就战车的军事使用价值而言，其具体的功用经历了以下几个阶段：最初，战车可能是在战场上作为移动的指挥平台使用。商代后期，双马木车已较多地用于军事，但战车兵还难以成为克敌制胜的主力兵种。至西周，马车的车前驾马数量增加，车的毂部附加了铜饰，车辐增加，轴头缩短，马具改进，新兴的格斗兵器出现。战车的冲击能力和作战性能得以提高。战车成为军队的主力兵种。而到东周时期，马车据形制和装饰与此前大有不同，可分为华美的乘车和用于军事及田猎的战车。出现了保护辕马的皮质马甲。战车使用的成组兵器已趋完备。史料中也记载了许多种类的战车，包括先驱、申驱、贰广、大殿，汉代的武刚车、𬨎车等。

再者，就战车的车轮技术发展而言，古人对车轮的认识主要表现为以下两个方面：车轮直径和车轮辐条。

中国古代的车轮直径较古埃及和中亚地区都大许多，因为大的车轮直径更利于克服颠簸，根据杠杆原理在越过障碍时也更省力。古埃及和中亚地区为沙漠地形相对中国的地形而言，较为平坦，故而使用小直径车轮。

车轮辐条的数量在某种程度上就体现了车轮制作的技术水平。增加辐条数量既可让车轮整体更轻便，还可提高车轮的稳定性，且更多的辐条意味着在极端条件下即使损坏了一条也可以维持轮子的使用功能。从考古证据来看，商代晚期，车轮通常只有18根辐条。春秋时期，车轮辐条数量明显增至28～30根。可见，车轮技术的发展使得战车可以在战场上取得更好的表现。但是更多的辐条数量也为制造车辆带来了不小的技术挑战，其中就包括如何在轮轴有限的空间内安置这么多的辐条，古代工匠的解决方法是把辐条制成扁平状，以长短不一的榫卯，有规律的交替布置。

二　车战战术与武器

武器的种类及其发展为车战战术的发展奠定了基础，车战战术包括了各种武器，而武器的发展也影响车战战术的类型和发展。

历史文献中对车战用的主要兵器有几种不同记载，《考工记》记载五兵为"戈、殳、戟、酋矛、夷矛"。《五经正义》记载为"矛、戟、剑、盾、弓"。早在战国时期，便出现了与车战战术相匹配的武器、甲胄等。湖北随县曾侯乙墓出土的战国早期竹简中详细记录了当时战车所配备的马匹、兵器、甲胄等情况。虽然没有车马随葬，但是可以与其陪葬的兵器和甲胄相对照。

车战形式是战车在作战中运用的类型，通过车子的考古发掘与研究，可推知车战大体有四种形式：车下作战、车上与车下相结合作战以及车上作战、与其他兵种协同作战。

早期，马车以车下作战的战车形式用于战争，即东西方的士兵都是从车上跳下来，在陆地上和敌人搏杀的。这种情况下车辆只是作为一种运输士兵进入战场的工具使用。此后，车战发展出的第二种形式是车上与车下相结合作战，即在较远的距离上在车上用远射兵器先杀伤敌人，与敌相遇后再下车同敌肉搏。车战的第三种形式是完全的车上作战，即无论在远距离上以抛射兵器杀敌，还是在近距离上厮杀格斗，均在车上进行。

此外，"车兵与其他兵种协同作战"这一形式实际上，早在车子产生之前的原始氏族时期就已经出现了，而氏族、部落间的战争的兵员全为徒兵或步兵，别无他类。自公元前3500年人类发明车子以后，人们便有条件乘车作战了，但不可能全为车兵。其原因有二：一方面车子结构复杂、造价昂贵，不可能太多；另一方面车子受地形限制，只能在较平坦的地面上行驶。为此，步兵不可能全部转为车兵，甚至只能是一小部分，那么在车子用于作战之时就必然存在着车步间的协同作战。

关于车步协同，《禹鼎》铭文"戎车百乘，斯骏二百，徒千"真实地反映了周厉王时期的战争状况，也说明了当时车步协同的规格。秦代的军阵仍然是驷马战车和骑兵、步兵混合编队（图二）。最能形象反映中国"车兵与其他兵种协同作战"这一形式的，就要数秦兵马俑了，在此以二号俑坑为例。其布局配置分别由相对独立而又互相联系的步兵队、骑兵队、车兵队以及车步骑混合队共同组成。其中，步兵队又区分为两部分，一部分持弓弩，另一部分持格斗兵器。这是典型的多兵种协同作战的战斗队形。持弓弩的步兵利于远战，持格斗兵器的步兵利于近战，骑兵利于机动，车兵利于掩护和攻坚，从而充分发挥各个兵种的特长，并由此构成多兵种协同作战的整体威力。

再者，战车的具体作战方法，因战车种类和乘员数量不同而有所区别。基本上分为一人战车、两人战车、三人战车、四人战车的作战方式。

就较小型的1人战车而言，乘员既要驾车，同时又要使用弓箭、长矛等兵器作战。2人战车也与之类似，只是多了一名乘员专注于战斗，而另一名乘员依旧需

图二　驷马战车

要一边驾车一边参加作战。在车战的黄金时代，最常见的是搭载3名乘员的战车。这类战车由1名专职的驭手居中驾乘，左右两名乘员的作战方法主要有两种，一种是车左负责持弓箭射杀远距离目标，待接近敌人时再弃弓与车右一起操长兵器刺杀；还有一种是车左与车右在远离敌人时一同用弓向敌人放箭，之后在接近敌人时再一起放下弓，拿起长兵器刺杀目标。搭载4名乘员的战车作战时，1名驭手负责驾驶战车，还有至少1名持弓的射手，负责射杀远距离的敌人，其他战车乘员则人手持一长兵器，如矛、戟、戈等，用于刺杀靠近战车的敌军。

总之，不管有几名乘员的战车，车战的方法都是基本一致的，那就是对远处的目标使用弓箭射击，对近处的目标则进行刺击。

所有的车战战术最重要和最关键的是用于战车指挥的器具配置在各级将领的车上。用于凸显指挥位置的大旗，传递指挥信号的战鼓，鼓声作为发起进攻的信号，指挥战车前进，鼓声不能停歇，否则可能导致军心动摇。"一鼓作气"的成语由此而来。

纵观战车之演变，细谈车战与武器之术，可管窥中国古代军事之智慧。

参考文献

[1] 孙机：《中国古代车战没落的原因》，《中国国家博物馆馆刊》2014年第11期。

[2] 高崇文：《再论西汉诸侯王墓车马殉葬制度》，《考古》2008年第11期。

[3] 金玉国：《古代车战考究》，《军事历史研究》2007年第2期。

[4] 杨泓：《战车与车战二论》，《故宫博物院院刊》2000年第3期。

[5] 郭淑珍：《车战与御手》，《文博》1990年第5期。

浅谈北京大葆台汉墓出土箭镞

张　晨

引言

本文研究对象是北京大葆台汉墓夯土层出土的4枚箭镞。此4枚箭镞的材质于发掘报告中先后被划分为铜、铁，具体成分未明确体现，其主要成分及年代仍需研究。箭镞是我国古代冷兵器的重要组成部分，本文将北京大葆台汉墓夯土层出土的4枚箭镞与我国同时期箭镞做对比，对其工艺及形制进行对比分析，做出研究。

一　北京大葆台汉墓一号墓出土箭镞简述

箭镞的定义为"箭前端的锋刃，主要是竹、木箭前端夹装更为坚硬的箭头"①。

根据《北京大葆台汉墓》的记载，该墓位于北京市西南郊郭公庄西南隅，地处西汉"燕国/广阳国"境内。1974年6月初，由于进行基建勘测，该墓被探出木炭、白膏泥和五铢钱，使北京大葆台汉墓被发现。一号墓于1974年8月15日开始发掘。二号墓于1975年发掘，后回填。两墓的封土都十分高大。现仍残存的封土高9～10米。一号墓的封土，其上层为风积沙，是由于多年的堆积所形成。而在风积沙的下面，便是墓葬封土。由于木构下沉坍塌，封土亦随之下沉呈锅底状。本文所研究箭镞即于一号墓夯土

图一　北京大葆台汉墓出土箭镞
1.三棱式箭镞　2.三棱式箭镞
3.双翼倒须式箭镞

1　　2　　3

---

①　杨泓：《中国古兵器论丛》，中国社会科学出版社，2007年，第262页。

中出土，共4件，分为双翼倒须式和三棱式两种，材质均未确定。下面将此4枚箭镞与全国其他地区出土的汉代箭镞进行对比，选取其中3枚箭镞为例（图一，1~3）。

二　不同区域箭镞对比

下面以不同地区划分，简单介绍一下秦汉时期出土的铜制及铁制箭镞，每个地区选取1~3个墓葬所出土箭镞为代表。

（一）西北地区

根据《西安北郊枣园南岭西汉墓发掘简报》，"发现铜镞23件，根据镞杆质地的不同可以分为A、B两型"[①]。其中铜杆的铜制箭镞为A型，总共有16件。以镞首的特征再次进行分类，又可以将A型分成两个亚型。其中Aa型12件。镞首与铤均为一次性铸成，三棱形前聚成锋，箭镞镞翼的末端均有倒刺，圆柱形铤较长（图二，1）。共有4件为Ab型。箭铤呈现残断状，箭镞的箭首与箭铤均是一次铸成（图二，2）。共有铁铤铜镞7件，为B型。按照其大小规格的不同，可再分两个亚型。共有3件为Ba型，形状和

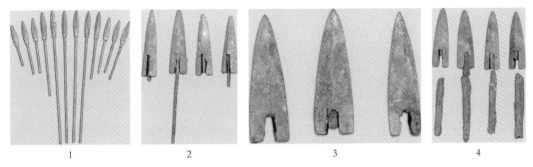

图二　陕西西安北郊枣园南岭西汉墓出土箭镞
1.三棱倒钩铜镞　2.双翼铜镞　3.双翼铜镞　4.双翼铜镞

Ab型箭镞相同，圆柱状箭铤（图二，3）。共有4件为Bb型（图二，4）。

（二）华东地区

1.《武夷山市城村北岗三号建筑遗址挖掘简报》记载，"西汉时期铁箭镞20枚，可分二式"[②]（图三，1~18）。Ⅰ式共有18枚，镞身多为三棱形，断面呈现出等边三角形，有些边微弧。Ⅱ式2枚，镞身呈三翼型，各边均内凹，铤为圆形。青铜镞共有10

① 陕西省考古研究院：《西安北郊枣园南岭西汉墓发掘简报》，《考古与文物》2017年第6期。
② 福建闽越王城博物馆：《武夷山市城村北岗三号建筑遗址发掘简报》，《福建文博》2011年第1期。

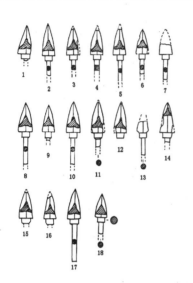

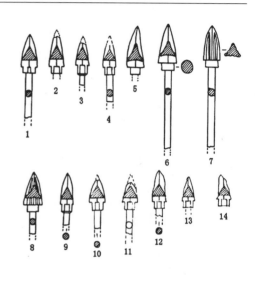

图三　福建武夷山市城村北岗三号建筑
　　　遗址出土铁箭镞

1～17. I 式铁箭镞（T37:③:1～4、9～14、T42③:1、
2、21～25）　18. II 式铁箭镞（T42③:3）

图四　福建武夷山市城村北岗三号建筑
　　　遗址出土铜箭镞

1～4、9～14. I 式铜箭镞（T42③:26～29、30～35）7、
8. II 式铜箭镞（T37③:7、8）5、6. III 式铜箭镞
（T37③:5、6）

件。镞头呈现断面，均为等边三角形，大小各不相同，铤为圆形（图四，1～14）。

2.《江苏徐州后山西汉墓发掘简报》中记载，"西汉时期青铜箭镞4件，分2型"。此2型以 I 型、II 型进行标示。I 式三棱锥形，共3件。下端抹角，有圆形銎孔。II 式仅1件，镞身较长，截面呈现菱形。铁镞1组，共有2件。均为圆柱形，其中一端有銎，内留有木屑，末端为锥形。

3.《江苏仪征刘集联营1-4号西汉墓挖掘简报》记载，"西汉时期青铜箭镞1套，共有8件，大小、形制相同，镞身为三棱形，断面为菱形，双翼"①。

（三）华中地区

1.《洛阳西郊汉墓发掘报告》中记载，"西汉青铜镞2件，三棱式，基脚部六棱，且为短铤。铁镞1件，铤身系由三叶并合而成，叶外缘为刃，三刃前聚成锋"②。

2.《河南鲁山望城岗汉代冶铁遗址一号炉发掘简报》记载，"西汉时期青铜箭镞1件，两侧有翼，且脊棱明显"③。

---

① 仪征市博物馆：《江苏仪征刘集联营1-4号西汉墓发掘简报》，《东南文化》2017年第4期。

② 中国科学院考古研究所洛阳发掘队：《洛阳西郊汉墓发掘报告》，《考古学报》1963年第2期。

③ 河南省文物考古研究所、鲁山县文物管理委员会：《河南鲁山望城岗汉代冶铁遗址一号炉发掘简报》，《华夏考古》2002年第1期。

（四）西南地区

《四川汉源县桃坪遗址及墓地2006年发掘简报》中记载了战国至西汉初，总共有10件为青铜箭镞，"形制相同，三角形，有双翼，铤部截面呈菱形。均是扁平双翼，锥形长铤"①。

图五　北京大葆台汉墓出土箭镞

由此可见，汉代铜镞在形制上有较多的共性，而其特殊性可能与地区的具体环境有所关联。因此可以认为箭镞这类批量生产的器物并非随意制作，而是遵循一定的统一标准生产制造出来的。

根据北京大葆台汉墓出土的箭镞现存资料显示，此4件箭镞可以分为两种，分别为双翼倒须式、三棱式（图五）。箭镞的形制在历史上是不断发展、不断改进的。例如宽体双翼式箭镞与四棱锥式箭镞在商周时期都有较多发现，可以推断此二型箭镞在当时曾经很流行，并沿用到了春秋晚期。到了战国晚期至秦，三棱铜镞逐渐开始盛行。《天工开物》中记载："凡镞冶铁为之北边制如桃叶枪尖，广南黎人矢镞如平面铁铲，中国则三棱锥象也。"②根据上述，可以总结出当时箭镞的外形特点。从秦代直至明代，三棱锥形箭镞都是中原地区所流行的。

三　工艺角度对比

"以生铁为本的钢铁冶炼技术是中国古代重要的科技发明创造之一"③。生铁的制作在古代具有较大的难度，不仅要依靠高温，同时还需要强还原气氛的高炉和陶范技术。而正是中国古代的冶铜技术，为大规模冶炼生铁提供了十分重要的条件。生铁性脆，同时硬度很高，退火和脱碳技术就成为生铁大规模冶炼的关键技术。

《北京大葆台汉墓》中记载，墓中出土的箭镞经鉴定是用生铁固态脱碳成钢的新工艺制成品，与河北满城中山王墓出土的铁镞工艺相同。

想要让一件生铁制品获得比较可靠的退火处理，需将成品保持在900摄氏度的高温下，再由工匠依靠经验找到其中的规律。

秦汉时期正处于青铜时期的晚期和铁器时期的早期。河北满城汉墓是两座大型西

① 四川省文物考古研究所、雅安市文物管理所、汉源县文物管理所：《四川汉源县桃坪遗址及墓地2006年发掘简报》，《四川文物》2016年第6期。
② 宋应星：《天工开物》卷下《佳兵》第十五《弧矢》，岳麓书社，2002年。
③ 中国科学院自然科学史研究所：《中国古代重要科技发明创造》，中国科学技术出版社，2016年，第100页。

图六　北京大葆台汉墓出土"渔"字铁斧

汉墓，经挖掘发现箭镞441件。其中，一号墓出土的箭镞仅有70件是铜制，而出土的铁镞数量则多达300余，数量十分庞大。根据《满城汉墓出土铁镞的金相鉴定》一文，中国社会科学院考古研究所实验室曾在其出土箭镞中选6件较为完好的箭镞做出金相检验，其结果显示：实验室所检验的6件箭镞全都是将生铁加热，使其达到一定的温度后，在固体状态下氯化，从而得到高、中和低碳钢。这是当时我国的一种新式的制钢工艺，称为"铸铁固体脱碳制钢法"，正是上文提到挖掘报告中记载的工艺。考虑到大葆台汉墓中也出土了类似的文物，可以推测大葆台的铁镞也采用了类似工艺。可见这种技术在当时已经是成熟工艺。

固体脱碳钢技术产生于战国时期，"对温度和退火时间的掌控仍不够娴熟，导致脱碳不彻底、碳含量不均匀及过热等现象"[1]。由上文可以推测，在此时期，由于存在工艺不完善的问题，铁箭镞并不适合进行大量生产。而进入汉代后，随着工艺的成熟，在全国各地均出现了类似的箭镞，说明这一时期脱碳钢技术已经开始普及。而燕蓟地区作为当时中国北方地区重要的冶铁中心，这也就解释了为何汉中央朝廷在推行盐铁官营政策的过程中会在幽州（汉广阳国）的渔阳郡设置铁官作坊，北京大葆台汉墓出土的这些箭镞则是这一发达产业的实物见证。

于北京大葆台汉墓一号墓北侧外回廊隔板外侧发掘的"渔"字铁斧（图六）同样运用到上文所说的脱碳钢技术。该铁斧呈梯形，顶有长方形直銎两侧略带弧形，斧面呈暗红色，其中的一面上，铸有微微凸起的"渔"字。这种"渔"字标记很可能是当时渔阳郡的铁官作坊标记，可以推测渔阳郡存在铁官作坊。

根据《北京大葆台汉墓》的记载，该铁斧经退火处理，内部由较粗糙渗碳体及铁素体组成，未见珠光体。表面有0.005厘米脱碳层，向里0.06厘米为珠光体层。在使用时表面为韧性很高的珠光体层，可减少崩裂。刃口磨掉脱碳层后，将有很高的硬度。北京大葆台汉墓一号墓出土的箭镞同样运用到此项脱碳钢技术，由此可见此技术已逐渐完善，在当时已十分成熟。

---

[1]　王淡春、罗武干、蔡全法、宋国定、王涛、王昌燧：《郑韩故城出土战国晚期铁器铸造工艺分析》，《华夏考古》2016年第4期。

四 结语

燕地作为北方地区的冶炼制造中心，其生产的箭镞具有传承性，不仅包括外形，也包括了生产工艺的传承。在这种长期的实践中，生产技术也在不断完善，北京大葆台汉墓一号墓夯土层出土的箭镞已运用了当时主流的生产工艺。从这里也可以看出在西汉中期出现较为先进的脱碳钢技术，也与燕地冶铁技术较为长期的实践与传承有密切关系。

参考文献

[1] 宋应星：《天工开物》，岳麓书社，2002年。

[2] 中国科学院自然科学史研究所：《中国古代重要科技发明创造》，中国科学技术出版社，2016年。

[3] 杨泓：《中国古兵器论丛》，中国社会科学出版社，2007年。

[4] 陕西省考古研究院：《西安北郊枣园南岭西汉墓发掘简报》，《考古与文物》2017年第6期。

[5] 福建闽越王城博物馆：《武夷山市城村北岗三号建筑遗址发掘简报》，《福建文博》2011年第1期。

[6] 仪征市博物馆：《江苏仪征刘集联营1-4号西汉墓发掘简报》，《东南文化》2017年第4期。

[7] 中国科学院考古研究所洛阳发掘队：《洛阳西郊汉墓发掘报告》，《考古学报》1963年第2期。

[8] 河南省文物考古研究所、鲁山县文物管理委员会：《河南鲁山望城岗汉代冶铁遗址一号炉发掘简报》，《华夏考古》2002年第1期。

[9] 四川省文物考古研究所、雅安市文物管理所、汉源县文物管理所：《四川汉源县桃坪遗址及墓地2006年发掘简报》，《四川文物》2016年第6期。

[10] 王淡春、罗武干、蔡全法、宋国定、王涛、王昌燧：《郑韩故城出土战国晚期铁器铸造工艺分析》，《华夏考古》2016年第4期。